Wirtschaftsinformatik in der Unternehmenspraxis

Peter Pagel (Hrsg.)

Wirtschaftsinformatik in der Unternehmenspraxis

Interviews der Fachzeitschrift
Wirtschaftsinformatik
und Management (WuM)

Herausgeber
Peter Pagel
Springer Fachmedien Wiesbaden GmbH
Wiesbaden

ISBN 978-3-658-03678-2

Die Deutsche Nationalbibliothek verzeichnet diese Publikation in der Deutschen Nationalbibliografie; detaillierte bibliografische Daten sind im Internet über http://dnb.d-nb.de abrufbar.

Springer Gabler
© Springer Fachmedien Wiesbaden 2013
Das Werk einschließlich aller seiner Teile ist urheberrechtlich geschützt. Jede Verwertung, die nicht ausdrücklich vom Urheberrechtsgesetz zugelassen ist, bedarf der vorherigen Zustimmung des Verlags. Das gilt insbesondere für Vervielfältigungen, Bearbeitungen, Übersetzungen, Mikroverfilmungen und die Einspeicherung und Verarbeitung in elektronischen Systemen.

Die Wiedergabe von Gebrauchsnamen, Handelsnamen, Warenbezeichnungen usw. in diesem Werk berechtigt auch ohne besondere Kennzeichnung nicht zu der Annahme, dass solche Namen im Sinne der Warenzeichen- und Markenschutz-Gesetzgebung als frei zu betrachten wären und daher von jedermann benutzt werden dürften.

Gedruckt auf säurefreiem und chlorfrei gebleichtem Papier

Springer Gabler ist eine Marke von Springer DE. Springer DE ist Teil der Fachverlagsgruppe Springer Science+Business Media.
www.springer-gabler.de

Vorwort

IT ist heute allgegenwärtig ...

Wer als Wirtschaftsinformatiker dafür verantwortlich ist, dass die Informationstechnologie einen möglichst positiven Beitrag zum wirtschaftlichen Erfolg eines Unternehmens leistet, ist nicht zu beneiden. Egal, wo etwas schief geht, die IT ist immer zumindest mitverantwortlich. Das liegt einfach daran, dass unser beruflicher und privater Alltag mittlerweile ohne IT kaum noch vorstellbar ist. Egal, was in einem Unternehmen geschieht, IT hat ihren Anteil daran.

Weil IT so omnipräsent ist, müssen sich IT-Verantwortliche permanent darüber informieren, welche technischen Neuerungen es gibt, aber auch, wie regulatorische Anforderungen umgesetzt werden können. Hier gilt es auch ein Augenmerk auf gesetzliche Bestimmungen zu richten, denn vieles ist technisch möglich, aber nicht legal. Diese große Bandbreite an Themen spiegelt sich auch in den Interviews der Fachzeitschrift „Wirtschaftsinformatik & Management" wider. Dieser Band enthält die gesammelten Interviews aus zwei Jahren „Wirtschaftsinformatik & Management". Fachleute aus den unterschiedlichsten Bereichen sprechen über Ihre Sicht auf die Herausforderungen, die Informationstechnologie im 21. Jahrhundert mit sich bringt. Themen wie Crowdsourcing, Big Data, Open Innovation oder E-Commerce sind ebenso Gegenstand der Gespräche wie die Veränderungen im Banken- oder Automobilbereich. Außerdem kommen verschiedene Aspekte des IT-Rechts und der IT-Sicherheit zur Sprache. Insgesamt entsteht ein im positiven Sinne subjektiv geprägtes Bild der Herausforderungen, denen IT-Manager in Unternehmen jeder Größe heute gegenüberstehen. Hype-Begriffe werden dabei mit Leben erfüllt und so ihre Bedeutung für die tägliche Praxis deutlich.

Ein qualitativ hochwertiges Interview verbindet fachliche Substanz mit individuellen Ansichten in einer Art und Weise, wie dies in Fachartikeln kaum möglich ist. Wir hoffen, dass die Texte in diesem Band Ihnen den einen oder anderen Denkanstoß geben können, der Ihnen dabei hilft, Informationstechnologie in Ihren Unternehmen zum Motor der Weiterentwicklung zu machen.

Wiesbaden, im August 2013   Peter Pagel, Chefredakteur Wirtschaftsinformatik & Management

Inhaltsverzeichnis

Datenschutz ist für Unternehmen jeder Größe wichtig... 2
Prof. Anne Riechert (Fachhochschule Frankfurt)
Ausgabe 04/13

Digitale Forensik – Spurensicherung im 21. Jahrhundert.. 7
Marko Rogge (Conturn Analytical Intelligence Group)
Ausgabe 04/13

Ich sehe Crowdsourcing nicht als Ersatz für herkömmliche Arbeitsmittel oder Prozesse. 14
Christian Rozsenich (clickworker.com Deutschland)
Ausgabe 03/13

Wir bezeichnen nicht jede große Datenmenge gleich als Big Data. 22
Dr. Roland Werner, Dr. Andreas Braun (Gesellschaft für Konsumforschung)
Ausgabe 02/13

Open Innovation ist die Kunst, jeden Einzelfall als Sonderfall zu akzeptieren. 30
Dr. Heinrich Arnold (Telekom Innovation Laboratories)
Ausgabe 01/13

Wer sein Team motivieren muss, hat nichts verstanden. 38
Klaus Eberhardt (iteratec)
Ausgabe 06/12

Wir bemerken eine zunehmende Professionalisierung der Angreifer... 44
Sebastian Schreiber (SySS)
Ausgabe 05/12

Die optimale E-Commerce-Strategie gibt es nicht. 46
Roland Fesenmayr (OXID eSales)
Ausgabe 05/12

Der Best-of-breed-Ansatz scheitert in der Praxis sehr oft. 54
Fridolin Neumann (Finanz Informatik Verwaltungsgesellschaft)
Ausgabe 04/12

Der untere Mittelstand hat schon immer Outsourcing betrieben. 60
Peter Dewald (Sage Software)
Ausgabe 03/12

Es kommt auf das Konstruieren und Gestalten an.. 68
Dr. Uwe Dumslaff (Capgemini)
Ausgabe 02/12

Unter einem Dach heißt eben noch nicht aus einer Hand... 71
Michael Tsifidaris und Dietmar Müller (KPS Consulting), Mario Uhl (ehemals KPS Consulting)
Ausgabe 02/12

Die Kostenvorteile, die Sie in Deutschland durch besseres Projektmanagement heben können,
sind oft größer als das, was sich durch Offshoring erreichen lässt. 78
Dr. Hans-Jürgen Plewan (Autor „Produktive Softwareentwicklung", Finanz Informatik Solutions Plus)
Ausgabe 01/12

Die Unternehmen, die eine Frauenquote brauchen, haben es einfach nicht kapiert. 86
Marika Lulay (GFT Technologies)
Ausgabe 06/11

iPad ist keine Innovation mehr... 94
Peter Schneider (ehemals Daimler AG)
Ausgabe 05/11

Zeitschrift für Business-IT

Wirtschaftsinformatik & Management

4 | 2013 • Interview Digitale Forensik – Spurensicherung im 21. Jahrhundert SCHWERPUNKT Softwareverträge richtig gestalten • Hyperlinks – die Verbindung zur Rechtsunsicherheit? • Software – Rechtemanagement SPEKTRUM Marktspiegel Business Software • Erfolgsfaktoren für das IT- und Prozessmanagement • Cloud-Computing mit eingeschränkter Nutzung ...

IT und Recht

Springer Gabler

„Datenschutz ist für Unternehmen jeder Größe wichtig."

Datenschutz ist nicht erst seit den jüngsten Spionageskandalen ein wichtiges Thema. Gerade Unternehmen sind in der Pflicht, sich damit intensiv auseinanderzusetzen. Das betrifft das Verhältnis zu ihren Kunden aber auch das zu den eigenen Mitarbeitern. Über den aktuellen Stand der Datenschutzdebatte sprach WuM mit Anne Riechert, Professorin für Datenschutz an der Fachhochschule in Frankfurt am Main.

Das Gespräch führte: Peter Pagel

Anne Riechert
ist Professorin für Datenschutzrecht und Recht in der Informationsverarbeitung an der Fachhochschule Frankfurt am Main.
Während ihrer Tätigkeit als Rechtsanwältin hat sie mittelständische Unternehmen und Telekommunikationsunternehmen beraten. Dies umfasste die Beratung in vertragsrechtlichen Angelegenheiten sowie in Fragen des E-Commerce, des geistigen Eigentums, gewerblichen Rechtsschutzes und des Datenschutzrechts. An der Hochschule Darmstadt hat sie außerdem als Vertretungsprofessorin im Fachgebiet Informationsrecht (Recht des E-Commerce, geistiges Eigentum und gewerblicher Rechtsschutz) gelehrt.

WuM: Frau Riechert, was sind aus Ihrer Sicht die aktuell größten Herausforderungen beim Datenschutz

Das sind eindeutig die vielfältigen Datenverknüpfungs- und Analysemöglichkeiten, aber auch die neue EU-Datenschutzgrundverordnung. Ursprünglich war seitens der EU angedacht, dass eine explizite Einwilligung zur Verarbeitung und Nutzung der persönlichen Daten erteilt werden muss. Einem interinstitutionellem Dossier des Rates der Europäischen Union lässt sich nun der Vorschlag entnehmen, „explizit" durch „ohne jeden Zweifel" zu ersetzen. Dies würde der bestehenden Rechtslage entsprechen, die aber bereits zum jetzigen Zeitpunkt mangels Klarstellung des Begriffs „ohne jeden Zweifel" nicht eindeutig ist. Es bleibt daher abzuwarten, wie dies mit Inhalt gefüllt wird. Das Merkmal „explizit" ist eine Verbesserung. Hierdurch soll sichergestellt werden, dass der betroffenen Person bewusst ist, dass sie eine Einwilligung erteilt hat und vor allem, worin sie eingewilligt hat – beispielsweise durch Anklicken eines Kästchens auf einer Internetseite. „Ohne jeden Zweifel" könnte unter Umständen auch heißen, dass die betroffenen Personen auf einer Website über eine geplante Datenverarbeitung mittels Pop-ups oder Banner zwar informiert, aber die Einwilligung allein durch Weiternutzung des Dienstes erteilt werden kann. Die Frage ist also auch, wie eine Information ausgestaltet sein müsste, dass aufgrund ihrer bloßen Kenntnisnahme zweifelsfrei von einer Einwilligung ausgegangen werden kann. Eine ähnliche Problematik ergibt sich ebenso bei Voreinstellungen in sozialen Netzwerken. Kann unterstellt werden, dass deren Nutzer mit der Veröffentlichung ihrer Daten „ohne jeden Zweifel" einverstanden sind, wenn sie eine bestimmte Schaltfläche nicht anklicken? Wohl eher nicht. Die Nichtvornahme einer Handlung ist zu missverständlich. Wird dieses Kriterium daher beibehalten, müsste auf jeden Fall eine Klarstellung erfolgen. Es wird bereits bezüglich der aktuellen Rechtslage gefordert, dass eine gültige Einwilligung nur dann vorliegen kann, wenn sie auf Erklärungen oder Handlungen beruht, mit denen die Zustimmung zum Ausdruck gebracht wird. Es wird darüber hinaus auch diskutiert, die Einwilligung der Nutzer mittels einheitlicher und anerkannter technischer Standards über die Privatsphäreeinstellungen der Browser einzuholen. Damit könnte man auch das Problem umgehen, dass heute an vielen Stellen im Internet von Nutzern weitreichende und überkomplexe Allgemeine Geschäftsbedingungen (AGB) bestätigt werden, die in der Praxis selten vollständig gelesen und noch seltener vollständig verstanden werden. Insgesamt gab es über 3 000 Änderungsvorschläge zu dem vorliegenden Entwurf der Datenschutzgrundverordnung, die aktuell beraten werden. Zurzeit hofft man, dass die Verhandlungen bis 2014 abgeschlossen sind, im Anschluss würde gemäß der Planungen eine Übergangsphase von etwa zwei Jahren für die Umsetzung dieses einheitlichen Standards in den einzelnen EU-Mitgliedstaaten folgen. Was letztendlich in der Verordnung stehen wird, ist derzeit noch relativ offen.

Wie sieht es denn mit der Cookie-Richtlinie der EU aus – also wenn es darum geht, dass eine Anwendung auf Daten zugreifen will, die auf dem Gerät des Nutzers bereits gespeichert sind?

Deutschland hat diese Richtlinie bislang nicht umgesetzt. Gesetzlich geregelt ist bislang das Opt-Out-Verfahren, wobei Nutzungsprofile lediglich unter Verwendung von Pseudonymen gebildet werden dürfen. Andere EU-Länder haben die Richtlinie zwar umgesetzt, aber dabei den Wortlaut der Richtlinie als Gesetzestext übernommen. Das ist insofern problematisch, dass in der Richtlinie gerade nicht definiert ist, wie die Einwilligung der Nutzer zu erfolgen hat und zudem eine ausdrückliche Regelung bezüglich der Qualität der Informationen fehlt. Damit ist der Interpretationsspielraum viel zu groß. Reicht es, die Nutzer über ein Pop-up-Fenster über die Verwendung von Cookies zu informieren, sodass die Weiternutzung des Dienstes als Einwilligung auszulegen ist? Oder muss auch hier eine explizite Einwilligung des Nutzers eingeholt werden? Dies beinhaltet die eingangs aufgeworfene Problemstellung. Die Website von RTL in den Niederlanden – rtl.nl – kann etwa nur aufgerufen werden, wenn die Nutzer zuvor ausdrücklich in die Verwendung von Cookies einwilligen. Allerdings stellt sich bei diesem Beispiel insbesondere die Frage nach der Freiwilligkeit der Einwilligung. Die Alternative ist, dass die Nutzer auf die Dienste der Internetseite völlig verzichten.

Wie sehen Sie das Thema Cloud Computing im Zusammenhang mit Datenschutz?

In diesem Gebiet ist es von besonderer Bedeutung, transparente Informationen zu erhalten. Das betrifft unter anderem solche grundsätzlichen Fragen, wie und wo die Datenverarbeitung stattfindet. Das ist für den einzelnen Anwender zunächst einmal nicht erkennbar. Gut wären etwa unabhängige Zertifikate, die belegen, dass es sich um einen vertrauenswürdigen Anbieter handelt. Werden personenbezogene Daten Dritter in einer Cloud gespeichert, ist dies nichts anderes als eine sogenannte Auftragsdatenverarbeitung. Und für diesen Fall hat sich der Gesetzgeber dafür entschieden, dass ein schriftlicher Vertrag zwischen Auftraggeber und Auftragnehmer, in diesem Fall dem Cloud-Anbieter, vorliegen muss. Das steht in einem offensichtlichen Widerspruch zur gegenwärtigen Praxis bei Cloud-Services, die im Sinne einer sofortigen Dienstenutzung zumeist online gebucht werden. In der neuen Datenschutzgrundverordnung ist das Schriftformerfordernis zwar nicht explizit vorgesehen (lediglich eine Dokumentationspflicht über die Datenverarbeitungsvorgänge), aber bis zu deren Geltung müssten sich die Cloud-Anbieter und Cloud-Nutzer über die Rechtswidrigkeit der aktuellen Praxis Gedanken machen.

Das kommt ja relativ häufig vor, dass man sich als Unternehmen in rechtlichen Grauzonen bewegt, ohne sich dessen richtig bewusst zu sein …

Beim Thema Datenschutz trifft das in der Praxis häufig zu, ja. Gerade kleine und mittelständische Unternehmen haben meist andere Themen im Blick als Datenschutz und können sich keine Abteilung leisten, die sich schwerpunktmäßig mit solchen Fragen auseinandersetzt. Es gibt zwar die Vorschrift, die die Bestellung eines Datenschutzbeauftragten verlangt, sobald Unternehmen mindestens zehn Personen mit der automatisierten Verarbeitung von personenbezogenen Daten ständig beschäftigen. Aber in der Praxis ist das vielen nicht bewusst – ebenso wenig wie das Erfordernis der Fachkunde und Zuverlässigkeit für diese Tätigkeit. Zuverlässigkeit bedeutet auch Unabhängigkeit in der Ausübung der Tätigkeit. Der Datenschutzbeauftragte darf keiner Interessenskollision ausgesetzt sein. Ein Geschäftsführer oder ein Vertriebsleiter werden im Zweifel immer eher den Verkaufserfolg im Auge haben, als die Frage, ob das alles zu 100 Prozent den datenschutzrechtlichen Bestimmungen entspricht. Insgesamt kann man sagen, dass das Thema „Datenschutz" zwar immer sensibler gehandhabt wird, aber vermutlich noch nicht bei jedem angekommen ist. Wissenswert im Hinblick auf die Bestellung eines Datenschutzbeauftragten ist, dass mit der neuen EU-Datenschutzverordnung nicht mehr entscheidend sein soll, wie viele Personen mit der Datenverarbeitung beschäftigt sind, sondern stattdessen die absolute Zahl der Mitarbeiter eines Unternehmens relevant ist. Gemäß der EU-Datenschutzgrundverordnung besteht ab 250 Mitarbeitern die Verpflichtung, einen Datenschutzbeauftragten zu bestellen. Dies hat zu großem Unmut bei den Datenschutzbeauftragten geführt und es wurde ebenso die Frage aufgeworfen, ob es nicht besser wäre, die Notwendigkeit eines Datenschutzbeauftragten daran festzumachen, wie sensibel und risikobehaftet die jeweils zu verarbeitenden Daten sind. Da kann in einem relativ kleinen Betrieb diese Kontrollfunktion oft wichtiger sein als in vielen großen. Auch hier bleibt abzuwarten, ob inhaltliche Änderungen der EU-Datenschutzgrundverordnung im Zuge der aktuellen Verhandlungen erfolgen.

Ist der Versuch, einen starken Datenschutz zu etablieren, zum Scheitern verurteilt, wenn sich die großen Marktteilnehmer durch geschickte Standortwahl unserer Rechtsprechung entziehen können?

Genau das wird durch die neue Verordnung durch das sogenannte Marktortprinzip geändert. Führt man sich etwa die Diskussion um Facebook vor Augen, gab es das Problem, dass nie klar war, welches Recht eigentlich zur Anwendung kommen muss. Der Hintergrund ist der, dass laut Gesetz deutsches Datenschutzrecht gilt, wenn zum Beispiel durch ein Nicht-EU-Unternehmen hierzulande Daten verarbeitet werden. Die entscheidende Frage ist dabei, was ist unter Datenverarbeitung zu verstehen? Da gibt es einmal den technischen Ansatz, nach dem es ausreichen soll, wenn auf den Endgeräten der Nutzer Javascript oder Cookies ausgeführt werden, weil bereits in diesem Falle eine Datenverarbeitung stattfindet. Das Oberverwaltungsgericht Schleswig ist hingegen der Auffassung, es sei irisches Datenschutzrecht anwendbar, weil die Facebook Ireland Ltd. eine Niederlassung von Facebook in Europa darstellt und die Niederlassung in Deutschland nur für das Marketing zuständig sei. Das Marktortprinzip schafft da Klarheit. Wenn ein Anbieter aus einem Nicht-EU-Land in der EU ansässigen Personen Waren oder Dienstleistungen anbietet, gilt die EU-Datenschutzgrundverordnung. Gemäß dem anfangs erwähnten interinstitutionellen Dossier des Rates der Europäischen Union soll dies unabhängig davon gelten, ob von der betroffenen Person für die Ware oder Dienstleistung eine Zahlung zu leisten ist. Der große Fortschritt, den die neue Verordnung bringt, ist, dass es dann einen einheitlichen Standard für die gesamte EU gibt, das stopft die derzeit bestehenden Schlupflöcher. Allerdings müsste die EU ebenso dafür sorgen, dass dieser Datenschutzstandard auch durchgesetzt werden kann, beispielsweise durch Rechtshilfeabkommen. Wichtig ist dabei zu verstehen, dass eine Verordnung etwas anderes ist, als eine Richtlinie. Eine Datenschutzrichtlinie haben wir bereits seit Längerem (1995). Auf deren Grundlage haben alle Staaten der Union eigene Gesetze erlassen. Eine Verordnung dagegen bedarf keiner Umsetzung in das Landesrecht, sie hat selbst Gesetzeskraft. Sobald diese also beschlossen ist, ist sie in allen beteiligten Ländern geltendes Recht. Ein Problem ist allerdings, dass der einzelne Bürger regelmäßig keine Möglichkeit hat, sich unmittelbar an den Europäischen Gerichtshof (EuGH) zu wenden.

Das heißt, der Bürger müsste sich an die Justiz seines Landes wenden?

Im Grunde ja. Wenn ein deutsches Gericht über die Auslegung des Rechts der EU Zweifel hat, kann beziehungsweise muss es diese Frage dem EuGH vorlegen. Allerdings stellt sich die Frage, inwieweit unser Bundesverfassungsgericht überhaupt weiterhin zuständig wäre. Denn es wird darüber diskutiert, ob bei einer Vollharmonisierung durch die EU-Datenschutzgrundverordnung die Grundrechte noch Anwendung finden. Wie gesagt, eine Verordnung findet unmittelbare Anwendung und verdrängt mitgliedsstaatliches Recht.

Ist Datenschutz im Unternehmen nur eine lästige Pflicht oder liegen hier auch Chancen?

Wenn die Sensibilität für das Thema in der Bevölkerung zunimmt – unter anderem durch die vermehrte Nutzung von Cloud-Computing-Angeboten – dann ist das für Unternehmen, die sich glaubwürdig besonders gut an die entsprechenden Vorschriften halten, definitiv eine Chance. Momentan ist es vielen Leuten einfach noch zu lästig, darüber nachzudenken, was es eigentlich für mögliche Konsequenzen hat, wenn sie beispielsweise Daten in eine Cloud auslagern. Unter dem Strich geht es dabei um Vertrauen. Alles, was dazu beiträgt, das Vertrauen der Nutzer in die eigenen Angebote zu verstärken, ist auch geschäftsrelevant. Ob ein Unternehmen es beispielsweise mit einem Datenlöschungsanspruch ernst meint oder nicht, ist wichtig.

Es ist erschreckend, dass über Jahre oder Jahrzehnte Daten über eine betroffene Person gespeichert werden. HR Info hat

„Gerade kleine und mittelständische Unternehmen haben meist andere Themen im Blick als Datenschutz und können sich keine Abteilung leisten, die sich schwerpunktmäßig mit solchen Fragen auseinandersetzt."

vor Kurzem einen Test durchgeführt, bei dem der Redakteur gegenüber Amazon einen Auskunftsanspruch bezüglich der zu seiner Person gespeicherten Daten geltend gemacht hat. Diese Informationen reichten über zehn Jahre zurück. Warum sollte ein Unternehmen wie Amazon heute noch Daten darüber haben, wo ich vor zehn Jahren gewohnt habe? Für die Geschäftszwecke von Amazon ist lediglich die aktuelle Anschrift notwendig. Im Übrigen ist es nicht zulässig – Daten dürfen nur so lange gespeichert werden, wie es für die Zwecke der Vertragsdurchführung erforderlich ist. Ausgenommen sind dabei natürlich Informationen, die der Archivierungs- oder Aufbewahrungspflicht unterliegen. Deshalb ist es auch so wichtig, dass in Unternehmen jemand mit Fachkunde auf solche Dinge achtet. Datenschutzbeauftragte nur für Unternehmen zu benennen, die 250 oder mehr Mitarbeiter beschäftigen, greift daher deutlich zu kurz.

Arbeitnehmerdatenschutz umfasst ja nicht nur innerbetriebliche Daten, wie sieht es eigentlich aus, wenn ein Arbeitgeber Informationen über Mitarbeiter ergooglet?

Beim Arbeitnehmerdatenschutz ist es zurzeit durchaus umstritten, ob sich etwa ein Arbeitgeber Informationen über seinen Angestellten „ergooglen" darf. Die enge datenschutzrechtliche Auffassung geht davon aus, dass jede Information beim Arbeitnehmer erfragt werden müsste. Andere argumentieren, dass alles, was öffentlich zugänglich ist, auch genutzt werden darf. In der Praxis ist es natürlich kaum nachzuweisen, ob ein Arbeitgeber sich auf diese Weise Informationen beschafft hat. Außerdem müsste zusätzlich gefragt werden, was „öffentlich zugänglich" bedeutet. „Öffentlich zugänglich" kann in einem datenschutzrechtlichen Sinne lediglich Informationen umfassen, die mit Wissen und Wollen des Betroffenen ins Internet gelangt sind.

Es kursiert ja immer wieder die Idee vom digitalen Radiergummi – hört sich ja zunächst ganz gut an, aber ist so etwas machbar?

Das halte ich in dieser Form nicht für realisierbar. Dateidownloads müssten beispielsweise protokolliert, Screenshots verhindert werden. Aus rechtlicher Sicht ist vor allem das „Recht auf Vergessenwerden" nach der neuen EU-Datenschutzgrundverordnung betroffen. Da stellt sich schnell die Frage, in welcher Form es ein solches Recht überhaupt geben kann. Was ist davon erfasst? Beispielsweise können Informationen, die sich in historischen Archiven befinden, davon nicht betroffen sein. Betrifft dann der Löschungsanspruch eventuell nur unrichtige Daten? Der Europäische Gerichtshof ist zur Zeit mit der Frage befasst, ob Google in seinen Suchergebnissen verpflichtet ist, negative Informationen über einen Betroffenen zu löschen. In dem konkreten Fall wird bei Eingabe des Namens eine Zwangsversteigerungsmaßnahme angezeigt, die allerdings bereits etliche Jahre zurückliegt. Der EuGH hat noch nicht entschieden. Der Generalanwalt ist allerdings der Auffassung, dass Google nicht für die Datenverarbeitung verantwortlich ist und kein Anspruch auf Löschung besteht, weil es keine Falschauskunft war. Er hat seinen Antrag zwar unter Zugrundelegung der noch aktuell geltenden Datenschutzrichtlinie, die kein generelles „Recht auf Vergessenwerden" enthält, aber es muss jedoch auch zukünftig insgesamt ein sinnvolles Maß gefunden werden und gegebenenfalls im Einzelfall geprüft werden, ob die betroffene Person in ihrem Persönlichkeitsrecht durch den Abruf der Information verletzt wird. Hinzu kommt, dass in eine Abwägung gleichermaßen das Recht auf Meinungs- und Pressefreiheit einfließen müssen, die einen ebenso hohen Stellenwert haben. Aber natürlich muss ich immer die Möglichkeit haben, von Facebook oder ähnlichen Netzwerken zu verlangen, dass diese Unternehmen meine Daten tatsächlich wirksam löschen. In der Praxis ist das Ganze also weit komplexer, als es auf den ersten Blick erscheinen mag.

Zum Schluss das Stichwort Toll Collect, da werden ja immer wieder Begehrlichkeiten geweckt – ist es legitim, diese Daten für andere Zwecke zu nutzen?

Das hängt entscheidend davon ab, worum es geht. Wenn man die Daten nutzen möchte, geht dies nur unter ganz engen Voraussetzungen – Richtervorbehalt und Begrenzung auf schwere Straftaten beispielsweise. Dies müsste durch eine Gesetzesänderung erfolgen, wobei es auf jeden Fall unterbunden werden muss, dass eine Unmenge Daten aufläuft, die ausgewertet werden kann. Es darf nur gespeichert werden, was für den eigentlichen Zweck nötig ist und zusätzlich muss die wichtige Frage der Geeignetheit für Fahndungszwecke geprüft werden. Datensparsamkeit ist hier das Stichwort. Es geht jedenfalls nicht, dass Bürger unter einen Generalverdacht gestellt werden, nur weil sie zu einem bestimmten Zeitpunkt eine Autobahn benutzt haben. Ein wichtiger Aspekt ist dabei, dass dies fast zwangsläufig dazu führen wird, dass die Behörden auch andere Datenquellen werden nutzen wollen, wenn einmal damit angefangen wird, die Daten aus diesem System zweckentfremdet einzusetzen. Fluggastinformationen kommen mir da beispielsweise in den Sinn.

Digitale Forensik – Spurensicherung im 21. Jahrhundert

Forensik kennt man aus dem Fernsehen. Dass in Zeiten moderner Kommunikationstechnik die Spurensicherung auf technischen Geräten an Bedeutung gewinnt, ist weniger bekannt. Marko Rogge verdient sein Geld damit, herauszufinden, ob etwa mit Smartphones illegale Geschäfte organisiert wurden.

Das Gespräch führte: Peter Pagel, Fotos: Gerd Scheffler

Marko Rogge
zertifizierter Senior Consultant IT-Forensik, verantwortet bei der CONTURN AIG den Fachbereich „Mobile Forensik". Neben der fachgerechten Sicherstellung von Beweismitteln arbeitet er operativ an forensischen Sonderuntersuchungen im Umfeld von komplexen IT-Systemen und mobilen Endgeräten.
Das renommierte Frankfurter Unternehmen CONTURN Analytical Intelligence Group GmbH unterstützt Strafverfolgungsbehörden und Unternehmen aus der Wirtschaft bei der digitalen Spurensuche.
Weitere Informationen:
www.conturn.com

WuM: Herr Rogge, was macht eigentlich ein Digitalforensiker?
Marko Rogge: Bei der digitalen Forensik geht es darum, gerichtsverwertbare Informationen von Datenträgern zu erhalten – das können Festplatten sein, SD-Karten, USB-Sticks oder mobile Geräte wie Smartphones, Tablet-PCs oder Laptops. Ziel ist es dann, einen Tatverdacht zu bestätigen oder aber auszuräumen. Es sollen also Beweise gefunden werden, die einen Tatverdächtigen entweder be- oder entlasten.

„In der Regel kommen die Auftraggeber aus dem öffentlichen Bereich."

Das heißt also, dass Ihre Auftraggeber von beiden Seiten kommen können?
In aller Regel kommen die Auftraggeber aus dem öffentlichen Bereich – Staatsanwaltschaften, Kriminalpolizei und andere Strafverfolgungsbehörden. Es können aber durchaus auch Privatpersonen sein, die uns über Rechtsanwälte engagieren. Da wird dann die forensische Untersuchung durchgeführt, um zu belegen, dass diese Person niemals an Kommunikation beteiligt war, die mit der vorgeworfenen Straftat in Verbindung steht. Wir werten das dann aus. Wenn wir nichts finden, ist es gut für den Verdächtigen, wenn doch, ist es natürlich nicht so gut (lacht). Im zweiten Fall würde eine solche Information dann vermutlich von dessen Strafverteidiger eher nicht verwendet werden.

Was bedeutet es eigentlich, gerichtsverwertbare Informationen zu gewinnen? Wie macht man solche Erkenntnisse gerichtsfest? Was sind da die Anforderungen?
Zum einen betrifft das die Vorgehensweise – wie wird gearbeitet? Da gibt es zum Beispiel Hersteller, die spezielle Hardware produzieren, mit der man Festplatten so eins zu eins kopieren kann, dass diese Kopien als Beweismittel vor Gericht geeignet sind. Für die eigentliche Datenauswertung gibt es dann wiederum spezialisierte Soft- und Hardware. Nur wenn diese benutzt werden, ist gewährleistet, dass tatsächlich gerichtsverwertbare Informationen gewonnen werden können. Daten von einem USB-Stick auf eine Festplatte zu kopieren, hat nichts mit gerichtsfest zu tun.

Der Grund dafür ist, dass die geringsten Informationen, die bei so einem Kopiervorgang entstehen können, alle Beweise, die dann da eventuell noch zu finden wären, zunichte machen. Das liegt daran, weil dann etwa die Festplatte sich nicht mehr in dem Zustand befindet, den sie bei der Beschlagnahmung hatte. Der Datenträger würde dann vom Gericht zwangsläufig als manipuliert eingestuft – ganz egal, wer diese Zustandsänderung herbeigeführt hat.

Muss man sich das so vorstellen, dass die Staatsanwaltschaften bestimmte Leute haben, die sie regelmäßig mit solchen Aufgaben betrauen?

Ganz genau. Das sind einfach Erfahrungswerte, in unserem Fall weiß die Staatsanwaltschaft sehr genau, wie wir arbeiten, wie wir in welchen Fällen vorgehen, und am wichtigsten: Sind die Ergebnisse, die wir abliefern, von einer Qualität, dass sie damit vor Gericht dann auch gute Chancen haben, zu bestehen? Es gibt außerdem natürlich auch internationale Standards, an die man sich als Digitalforensiker halten sollte. Es gibt dort zum Beispiel die NIST – also das National Institute of Standards and Technology aus den USA –, das Standards definiert hat, die es ermöglichen, forensisch einwandfrei arbeiten zu können.

Wenn wir beispielsweise zwei am gleichen Tag hergestellte, baugleiche Telefone haben und eines davon wurde einmal eingeschaltet, das andere nicht, dann haben diese Telefone jeweils unterschiedliche Prüfsummen, weil bei dem Gerät, das eingeschaltet wurde, bereits Informationen auf dem Speicher abgelegt wurden. Damit sind aus dieser Perspektive die Telefone vollkommen verschieden. Man kann tatsächlich anhand dieser Prüfsummen sehr genau sehen, ob ein Gerät sich im Originalzustand befindet oder ob daran Manipulationen vorgenommen wurden. Hier in Deutschland kümmert sich auch das Bundesamt für Sicherheit in der Informationstechnik (BSI) um dieses Thema und hat etwa den einen oder anderen Leitfaden zur forensischen Arbeit herausgegeben.

Gibt es so etwas wie Zertifikate, die bescheinigen, dass man die nötigen Kompetenzen hat, um digitale Forensik betreiben zu können?

Ja, die gibt es. Man kann sich international zertifizieren lassen – unter anderem beim SANS-Institut –, außerdem gibt es von den einschlägigen Soft- und Hardwareherstellern Zertifikate, die beispielsweise bescheinigen, dass jemand mit der Ausrüstung so arbeiten kann, dass gerichtsverwertbare forensische Abbilder von Datenträgern erzeugt werden. Ich habe zum Beispiel eine speziell für den Bereich Mobilfunk.

„Telefone haben heute meist 16, 32 oder mehr Gigabyte Speicher, da passt schon richtig was drauf."

Forensik im Bereich Mobilfunk ist ja vermutlich ein Bereich, der erhebliche Zuwachsraten zu verzeichnen hat, oder? Schließlich nimmt die Nutzung von mobilen Endgeräten stark zu. Außerdem werden nicht nur mehr, sondern auch wichtigere Dinge mit diesen Geräten gemacht.

Das ist auf jeden Fall so. Mit dem Einzug des Blackberry mit seiner E-Mail-Push-Funktion hat das dramatisch zugenommen. Hinzu kommt, dass die ganzen gängigen Office-Anwendungen wie Excel-Tabellen, Word-Dokumente oder Powerpoint-Präsentationen inzwischen Einzug auf den modernen

Smartphones gehalten haben. Das hat zu einem enormen Zuwachs an Datenvolumen geführt, das mobil entsteht. Telefone haben heute meist 16, 32 oder mehr Gigabyte Speicher, da passt schon richtig was drauf. Eine Eins-zu-eins-Kopie eines 32 Gigabyte-Gerätes zu erstellen dauert dann schon einige Stunden. Diese kopierten Informationen auszuwerten dauert wiederum mehrere Stunden. Man findet dann allerdings auch so ziemlich alles, was jemals auf so einem Gerät gemacht wurde.

Das heißt, auch solche Informationen, von denen der Benutzer glaubt, sie seien weg, weil er sie ja gelöscht hat?
Ja, der Unterschied besteht darin, dass ein normaler Nutzer sich in Sicherheit wähnt, wenn er eine Information gelöscht hat. Es gibt diese Zustände natürlich – aber durch die normale „Löschen"-Funktion werden sie nicht herbeigeführt. Das liegt an der Arbeitsweise dieser Geräte. Das ist im Prinzip so wie beim Windows-Betriebssystem, wo ja auch erst gelöscht wird, wenn an dieser Stelle der Festplatte etwas Neues abgespeichert wird. Bei den großen Speichern moderner Smartphones passiert es erst nach sehr langer und intensiver Nutzung, dass überhaupt Bereiche neu beschrieben werden müssen. Im Unterschied zu den meisten PCs werden in Smartphones natürlich Flashspeicher verwendet. Davon gibt es eine schnelle und eine langsame Variante. Bei allem, was der Nutzer speichert, Fotos etwa, kommen die langsamen und günstigeren Varianten zum Einsatz. Bei allem, was etwa das eigentliche Betriebssystem betrifft, werden die schnellen verwendet. Das heißt natürlich, dass die Arbeitsweise nicht exakt deckungsgleich ist wie beim PC, weil ja keine rotierende Platte zum Einsatz kommt. Aber das Prinzip ist dennoch sehr ähnlich. Überhaupt nicht mehr rekonstruierbar sind Daten erst dann, wenn sie mehrfach überschrieben wurden.

Ist die Tätigkeit als Digitalforensiker nicht im Grunde ein Kampf gegen Windmühlen oder kann sie tatsächlich ein wirksames Mittel gegen Rechtsverstöße sein?
Durch die Zunahme der Benutzung ist es eine absolute Notwendigkeit, dass wir die Mittel in der Hand haben, um auch in diesem Umfeld Beweise sichern zu können. Weltweit gibt es zwei Hersteller, die dazu in der Lage sind, physikalische Eins-zu-eins-Abbilder von mobilen Endgeräten herstellen zu können – mit deren Geräten arbeitet so ziemlich jeder Geheimdienst. Wichtig ist, zu beachten, dass es bei der digitalen Forensik ja nicht darum geht, etwa Gespräche mitzuhören. Ziel ist es, Kommunikation im Nachhinein nachweisen zu können. Weil sich zum Beispiel eventuell zwei Straftäter über einen Chat zur Begehung einer Straftat verabredet haben. Dabei müssen wir natürlich auch datenschutzrechtliche Belange berücksichtigen. Informationen, die in keinem Zusammenhang mit der Tat stehen, werden nicht an die Ermittlungsbehörden weitergegeben.

Grundsätzlich gibt es bei der Strafverfolgung auch Grenzen, an die die digitale Forensik stößt. Wenn beispielsweise ein Mobiltelefon auf Werkseinstellungen zurückgesetzt wird, ist es in den meisten Fällen nicht mehr möglich, Daten wiederherzustellen. Andererseits ist vieles, was die meisten für

eine endgültige Zerstörung halten, keineswegs dazu geeignet, den Zugriff auf die gespeicherten Daten zu verhindern – mit dem Auto über sein Handy zu fahren bringt zum Beispiel meist nicht viel.

Ist digitale Forensik ein Markt, der im Moment wächst?
Ein klares Jein. Aus meiner persönlichen Erfahrung kann ich sagen, dass es ein paar wenige wirklich gute Unternehmen gibt, die über gut geschultes Personal verfügen. Aus unserer Zusammenarbeit mit den Strafverfolgungsbehörden in Deutschland, Österreich und der Schweiz wissen wir, dass die Anforderungen an uns steigen. Der Markt ist insofern sehr groß, dass immer mehr Menschen mobil Daten nutzen. Es gibt Statistiken, nach denen 70 Prozent aller Mobiltelefone in irgendeiner Weise in Straftaten involviert sind. Wenn wir beide uns beispielsweise einmal über Honorare ausgetauscht haben, hätte das zur Folge, dass das Wort „Geld" in der Kommunikation zwischen uns möglicherweise häufig vorkommt. Wenn ich jetzt eine Straftat begehe, taucht Ihr Name in meinem Mobiltelefon im Zusammenhang mit Geld auch auf. Das ist dann für einen Ermittler eventuell ein Ansatzpunkt.

Es gibt ja auch tatsächlich noch Menschen, die denken, Skype sei verschlüsselt – von mir aus soll das ruhig jeder weiterdenken (lacht). Wir haben also mehr zu tun als noch vor wenigen Jahren. Andererseits sind eben die Marktteilnehmer, die Unternehmen, die auf diesem Gebiet tatsächlich über professionelle Expertise verfügen, nach wie vor sehr wenige. Grundsätzlich bin ich der Meinung, dass Strafverfolgungsbehörden Möglichkeiten haben müssen, solchen kriminellen Abspra-

chen nachzugehen. Wir müssen auch und gerade den Wirtschaftsstandort Deutschland schützen. Die technischen Entwicklungen aus unserem Land wecken schließlich Begehrlichkeiten. Dagegen muss man vorgehen können.

Da sehe ich jetzt aber durchaus einen Konflikt mit Bestrebungen nach einem möglichst umfassenden Datenschutz.
Das ist natürlich ein wichtiger Aspekt. Wir arbeiten als Forensiker ja keineswegs in einem rechtsfreien Raum. Manches, was wir technisch tun könnten, lässt sich nach deutschen Gesetzen einfach nicht machen. Wir dürfen zum Beispiel für das jeweilige Strafverfahren nicht-relevante Informationen gar nicht auswerten. Wenn wir das machen, gefährden wir einer-

„Grundsätzlich bin ich der Meinung, dass Strafverfolgungsbehörden Möglichkeiten haben müssen, kriminellen Absprachen nachzugehen."

seits unser gutes Verhältnis etwa zu den Staatsanwaltschaften und andererseits könnte so etwas im Extremfall dazu führen, dass sämtliche gewonnenen Erkenntnisse nicht in ein Strafverfahren einfließen dürfen, weil wir uns nicht an Regeln gehalten haben. Wenn wir, um auf das Beispiel von vorhin zurückzukommen, uns etwa nur über Brötchen unterhalten hätten statt über Geld, dürfte Ihr Name in der Auswertung nicht auftauchen.

Zeitschrift für Business-IT

Wirtschaftsinformatik & Management

3 | 2013 • INTERVIEW „Ich sehe Crowdsourcing nicht als Ersatz für herkömmliche Arbeitsmittel oder Prozesse." SCHWERPUNKT Masse mit Klasse – Crowdsourcing in der Praxis • Crowdsourcing: Wenn die Arbeit ruft ... SPEKTRUM „Die Tendenz zu großen Einheiten wird sich fortsetzen." • Revolutionieren Sie die Wissensvermittlung in Ihrem Unternehmen • Effizienzsteigerung durch modellbasiertes Testen

Crowdsourcing

Springer Gabler

„Ich sehe Crowdsourcing nicht als Ersatz für herkömmliche Arbeitsmittel oder Prozesse."

Crowdsourcing ist dabei, sich als eine Variante des Outsourcings zu etablieren. Wo dabei Chancen und Risiken liegen und wie die Entwicklung in den kommenden Jahren weitergehen wird, darüber sprachen Prof. Dr. Matthias Schumann und Peter Pagel mit Christian Rozsenich, Geschäftsführer bei clickworker.com Deutschland.

Das Gespräch führten Matthias Schumann und Peter Pagel Fotos Gerd Lorenz

Christian Rozsenich ist Managing Director bei clickworker.com und hat mehrere Jahre das Software-Entwicklungs-Team des Unternehmens geleitet. Zuvor war er als Berater in der Telekom-, der Medienbranche und in Internet-Startups international tätig. Als Vice President bei WorldRes setzte er seine IT-Strategie erfolgreich um. Christian Rozsenich hält einen MBA Degree der London Business School.

Herr Rozsenich, Ihr Unternehmen war ja eines der ersten in Deutschland, das sich überhaupt dem Thema Crowdsourcing verschrieben hat?

Christian Rozsenich: Ja, das stimmt. Unser Unternehmen ist ja für ein Startup schon relativ alt. Gegründet wurde das Unternehmen bereits 2005 nach dem Vorbild eines NASA-Projektes. Die NASA hatte zu dieser Zeit im Rahmen ihrer Marsmission sehr viele Satellitenbilder geschossen und die mussten bearbeitet werden, damit man aus diesen Einzelbildern zum Beispiel einen Globus errechnen konnte. Es mussten beispielsweise Krater markiert, Bildbearbeitung durchgeführt werden und so weiter. Da hat man dann überlegt, wie man das bei dieser gewaltigen Menge am besten bewerkstelligen kann. Eine Möglichkeit war, Mitarbeiter dafür einzustellen, mit der Schwierigkeit, dass man nach dem Projekt nicht gewusst hätte, was man mit diesen Arbeitskräften machen soll. Die zweite Variante war ein Outsourcen nach Asien, wo man zwar die Leistung günstig einkaufen kann, wo aber gleichzeitig die Urheberrechtsproblematik groß gewesen wäre. Man hat sich deshalb für eine Crowdsourcing-Variante entschieden und mit den damaligen Möglichkeiten eine entsprechende Website aufgesetzt.

Unternehmensgründer Alexander Linden hat diese Idee damals nach Deutschland geholt, eine Startfinanzierung bekommen, das Unternehmen einige Jahre geleitet. 2008 wurde der Investorenkreis nochmals erweitert und das Management verändert. Das war die Grundlage dafür, wie das Unternehmen sich heute entwickelt hat. Davor war das Ganze noch sehr akademisch, sehr forschungsnah orientiert. Wir haben dann herausgefunden, wo eigentlich der Mehrwert für Kunden liegt und welche Lösungen für ihn geeignet sind und welche nicht. Heute dreht sich unser Kerngeschäft im Wesentlichen um das Thema „Content-Erstellung", um Webrecherche und jetzt neu auch mobile Recherche. Seit Anfang dieses Jahres haben wir eine mobile App mit der unsere Clickworker direkt vor Ort recherchieren und Fotos machen können.

Ist das eine besondere Form einer Redaktion?

Zum Teil kann man das so sagen. Wir werden natürlich oft auch mit Textagenturen verglichen. Der Mehrwert für unsere Kunden besteht unter anderem darin, dass man über die Crowd eine sehr große Bandbreite hat und deshalb sehr marktnah Fragen stellen sowie Informationen in einem bestimmten Zielmarkt so anzapfen kann. Das ist für eine klassische Textagentur nicht so ohne Weiteres leistbar. Was wir auch machen, sind Übersetzungen. Das ist allerdings ein Beispiel, wo die Grenzen der Methode sichtbar werden. Gerade im Bereich der Fachübersetzungen ist eine Verbindlichkeit und Rechtssicherheit gefragt, die wir mit der anonymen Crowd nicht bieten können. Besser geeignet sind alle Tätigkeiten, die gleichförmig sind und in großen Mengen anfallen. Diese kann man in der Regel sehr gut über die Crowd abwickeln und automatisieren. Also zum Beispiel viele Texte mittlerer Länge zu schreiben, viele Adressen zu recherchieren, viele Bilder nachzubearbeiten und so weiter.

Gleichzeitig suchen wir aber auch nach Möglichkeiten, unser Geschäftsmodel zu erweitern, etwa in den Bereich Customer Care (CRM), da werden dann zum Beispiel Prozesse, die

heute im Callcenter ablaufen zum Teil in die Crowd verlagert. Vorteile gibt es dabei nicht nur auf der Kostenseite, sondern auch bei Skalierbarkeit und Verfügbarkeit.

Ist es für das Thema Customer Care nicht nötig, möglichst rund um die Uhr verfügbar zu sein? Das ist doch ein Unterschied zu den eher redaktionellen Aufgaben?
Ja, heute ist es so, dass wir in der Regel mit den Kunden keine Service-Level-Agreements (SLA) vereinbaren. Wir können aber aufgrund unserer Erfahrungen meist sehr gut abschätzen, wie lang ein Projekt dauert. Wir haben zum Beispiel einen Kunden, bei dem es darum geht, kurze Fragen im Internet zu recherchieren. Da war eine Antwortzeit von vier Minuten gefordert. Das ist etwas, was wir heute können. Wenn es darum geht, spezialisiertes Know-how in der Crowd verfügbar zu machen oder spezialisierte Prozesse für Unternehmen zu realisieren, kommen natürlich Fragen auf einen zu, was passiert, wenn ein Anruf zum Beispiel nicht angenommen wird und da dann eventuell Strafzahlungen dranhängen. Eine Lösung sind etwa hybride Systeme. Das heißt, dass man zusätzlich mit konventionellen Experten arbeitet. Eine andere Möglichkeit ist die Incentivierung, dass ich also Clickworker besser bezahle, wenn sie zu unbeliebten Zeiten arbeiten oder sich schwierigen Themen widmen. In Europa haben Sie zum Beispiel relativ viele Leute zwischen circa sieben Uhr morgens und neun Uhr abends.

Wie funktioniert bei Ihnen die Qualitätssicherung?
Die Qualitätssicherung ist ein vielschichtiges Thema. Wir verfolgen dabei mehrere Ansätze. Zum einen passiert das über die Plattform, über Bewertungen durch die Community etwa oder über statistische Verfahren. Bei der Crowd selbst ist es so, dass ein neuer Clickworker sich zunächst registriert und Grundinformationen über sich preis gibt – welche Sprachen er spricht, welche Interessen und Expertisen er hat und so weiter. Online kann der Neue dann bestimmte Trainings machen oder Multiple-Choice-Tests absolvieren, bei denen sprachliche Fähigkeiten überprüft werden. Aber auch andere Beispiele im Bereich Web-Recherche, wo dann in Tests eine bestimmte Punktzahl erreicht werden muss. Diese Einstiegsqualifikation ist dann die Grundlage für die Teilnahme an Projekten. Mit der Zeit kann sich der Clickworker dann zu komplexeren Aufgaben nach oben arbeiten. Wir bauen also über den Lebenszyklus unserer Clickworker Wissen auf. Wie zuverlässig ist jemand? Welche Fehlerrate hat er? Zu welchen Zeiten arbeitet er?

Ein weiterer wichtiger Punkt ist daneben gezieltes Recruiting. Wenn wir zum Beispiel Autoren suchen, wissen wir, auf welchen Portalen man in den einzelnen Ländern die entsprechenden Leute findet. Das wird dann bei uns auch über die eigene Crowd unterstützt, dass die Crowd Vorschläge macht, wo man am besten rekrutieren kann. Wie funktioniert die Ansprache? Wie muss die richtige Stellenausschreibung ausse-

hen? Das hilft alles sehr dabei, die richtigen Leute für eine Aufgabe zu finden. Das alles zusammen genommen ist unsere Qualitätssicherung. Sehr wichtig ist es dabei, mit dem Kunden vorab zu besprechen, welche Art von Qualität für ihn eigentlich im Vordergrund steht – geht es eher um Stil oder um Rechtschreibung. Wir hatten ein Projekt, bei dem es darum ging, Videosequenzen zu analysieren für Machine-based-Learning, da war es natürlich entscheidend, dass eine gewisse Fehlerrate nicht überschritten wird. Das sind Dinge, die wir mit dem Kunden nach den jeweiligen Vorgaben gemeinsam erarbeiten. Oft erstellen wir dann auch entsprechende Trainings für die Clickworker, damit diese in die Lage versetzt werden, die Aufgaben lösen zu können.

Ist diese Tätigkeit für die Clickworker der Haupt- oder eher ein Nebenjob? Was motiviert die?

Das ist unterschiedlich. Zum einen gibt es natürlich die Motivation, Geld zu verdienen. Für die meisten ist es ein Nebenverdienst. Viele Studenten verdienen sich zum Beispiel so etwas dazu. Wir haben aber auch einige, die das als Teilzeit- oder Fulltime-Job machen. Das sind typischerweise etwa Freiberufler, die so zum Beispiel Leerlaufzeiten überbrücken. Was wir auf jeden Fall sehen, ist, dass diese Arbeit in der Regel kein Ersatz für einen Vollzeitjob ist. Das stellt für manche, gerade anspruchsvollere Aufgaben ein echtes Hindernis dar. Wenn die Einzelaufgabe länger als wenige Minuten dauert, wird das schnell zum Problem. Damit sind wir zurzeit auch keine Konkurrenz zum klassischen Freiberufler, der ja meist in größeren zusammenhängenden Projekten arbeitet. Auf anderen Plattformen hat es sich aber schon so entwickelt, dass, etwa im Feld Open Innovation, die Plattform ein Vertriebskanal für Freiberufler geworden ist – also auch keine Konkurrenz sondern eine neue Möglichkeit für Freelancer, Aufträge zu gewinnen. Im Grunde genommen sind Crowdsourcing-Plattformen Marktplätze für Arbeit. Wir haben zum Beispiel sehr preissensitive Kunden, die Leistungen nur möglichst billig einkaufen wollen. Denen sagen wir, dass das nur in sehr begrenztem Umfang möglich ist – schließlich gibt es auf der Plattform noch andere Angebote und Clickworker arbeiten tendenziell für den, der besser zahlt oder die spannendere Aufgabe hat.

Sie haben jetzt viel von Ihrer Plattform gesprochen, ist das eine Eigenentwicklung?

Ja, das ist eine Eigenentwicklung, die im Wesentlichen aus dem ersten Prototypen 2006 entstanden ist und kontinuierlich weiterentwickelt wurde. Integriert sind natürlich auch Teile von Standardsoftware, etwa im Bereich CRM-Management, Payment-Solutions oder Billing-Solutions. Aber im Kern handelt es sich um eine Eigenentwicklung.

Wie akquiriert man in diesem Umfeld Kunden? Wie tragen Sie dazu bei, dass potenzielle Kunden auf Sie aufmerksam werden?

Wir haben in der Hauptsache zwei Vertriebskanäle. Das eine ist der klassische Direktvertrieb, auf die Kunden zugehen, auf Messen, Veranstaltungen durch Vorträge zum Teil auch über PR Kunden gewinnen. Das war in der Vergangenheit nicht ganz einfach, weil das Thema „Crowdsourcing" im Markt nicht bekannt war und gerade dann Bedenken bezüglich Risiken besonders groß sind. Das ist inzwischen viel einfacher geworden, weil das Prinzip bekannt ist. Außerdem haben wir einen Online-Marktplatz, den wir aber nicht sehr aktiv vermarkten – für viele andere Crowdsourcing-Anbieter ist dieser Kanal aber sehr wichtig, gerade, um kleinere Kunden zu gewinnen.

Sicher haben manche Kunden auch den Wunsch nach Vertraulichkeit, wie können Sie sicherstellen, dass kein Know-how abfließt?

Das ist ganz klar ein Bereich, in dem wir nur sehr begrenzt arbeiten können. Das geht im Grunde nur mit einer geschlossenen Crowd und selbst da sind Grenzen gesetzt, weil man in einer großen, anonymen Crowd etwa Datenschutzbelange nicht ohne Weiteres auf dem nötigen Niveau prüfen kann. Unsere Aufgaben schließen die Auftragsdatenverarbeitung in der Regel aus oder es muss ein Verfahren gefunden werden, das die Auftragsdaten so zerlegt, dass diese nicht mehr personenbezogen sind. Wenn Sie zum Beispiel an den Überweisungsträger bei der Bank denken, da können Sie die Kennung in einzelne Segmente zerlegen und später wieder zusammenfügen. Das ist bei Texten natürlich schwierig. Da muss einer das Stück schreiben.

Es gibt ja inzwischen auch einige Unternehmen, die über die Crowd Software-Testing betreiben, da ist das Problem des Innovationsabflusses mit Sicherheit gegeben.

Das ist richtig. Wir hatten einmal eine Anfrage eines deutschen Konzerns, die so etwas mit uns machen wollten. Es ging dabei um einen Pre-Launch-Test, bei dem es entscheidend war, dass das Produkt nicht bekannt wird. Das können Sie mit dieser Methode nicht gewährleisten. Deshalb nehmen wir solche Aufträge nicht an. Das ist einfach keine vernünftige Anwendung für Crowdsourcing. Geht es dagegen darum, lediglich die Qualität einer Software zu testen oder eine bestimmte Bandbreite zu erhalten – etwa mehrsprachig, in unterschiedlichen Zielmärkten – dann kann Crowdsourcing sehr nützlich sein. Viele unserer Kunden haben ein zentrales Marketing für ihre Aktivitäten in verschiedenen Ländern. Für diese Kunden ist es ein wichtiges Bedürfnis, dass mehrere Weltregionen und Sprachen abgedeckt werden. Wenn Sie beispielsweise an eine Recherche denken, ist es natürlich interessant, an unterschiedlichen Standorten sofort Arbeitskräfte einsetzen zu können, die Sie nicht vorher extra rekrutieren müssen.

Wie schätzen Sie die Entwicklung ein – wo liegen in den kommenden drei bis fünf Jahren weitere Geschäftsfelder für Ihre Branche?

Ich glaube, das wird Hand in Hand mit der Entwicklung der Cloud-Lösungen gehen. Es gibt ja den Trend, dass immer mehr komplexe Anwendungen ins Netz verlagert werden,

> *» Beispielsweise im Feld Open Innovation ist die Crowdsourcing-Plattform ein neuer Vertriebskanal für Freiberufler geworden. «*

dass es immer mehr Spezialisten gibt, die nur einen ganz kleinen Teil der Wertschöpfungskette abdecken. Im Cloud Computing gibt es zum Beispiel CRM-Management oder eine Buchhaltungssoftware, aber die Expertise, um das sinnvoll nutzen zu können, benötige ich natürlich immer noch. Da sehe ich viele Möglichkeiten für das Crowdsourcing, komplette Geschäftsprozesse in die Crowd zu verlagern. Das kann man im Bereich Open Innovation schon jetzt gut beobachten. Diese Entwicklung wird sich auf Bereiche wie Marketing oder Vertrieb ausweiten.

Setzt das voraus, dass Sie es ermöglichen, Ihre Leistungen nahtfrei in die Kundenprozesse zu integrieren?

Ja, mit Sicherheit. Wir als Startup mit Fokus auf der Erstellung von Content sind heute noch nicht so weit, dass wir sagen können, dass wir in der Lage wären, alle Bereiche der Enterprise-Architektur abzudecken und uns so in komplexe Unternehmensprozesse einzuklinken, aber das ist nur eine Frage der Zeit, dass diese Integration möglich sein wird. Es gibt dafür auch schon konkrete Beispiele. IBM hat etwa einen Prototypen vorgestellt, bei dem es darum geht, in einer Versicherungslösung Crowdsourcing mit einzubauen. Dabei ging es um die Qualitätssicherung des Datenbestandes.

Sie sehen es also so, dass sich die Systematik des Crowdsourcing zukünftig einfach als eines der gängigen Werkzeuge in immer mehr Prozesse einklinken wird?

Ja, genau, ich sehe es nicht als Ersatz für herkömmliche Arbeitsmittel oder Prozesse. Wir sehen auch Grenzen für Crowdsourcing. Da ist das Thema Datenschutz immer ganz vorne mit dabei, aber auch die Komplexität von Prozessen oder auch die Qualität der Crowd sind wichtige Faktoren. Bei uns liegt eine Herausforderung zum Beispiel darin, dass wir mit einer weitgehend anonymen Crowd arbeiten, wo ich dem Einzelergebnis nicht blind vertrauen kann, sondern in den Prozess Mechanismen zur Qualitätssicherung integrieren muss. Für relativ einfache Redaktionsprozesse geht das ganz gut, Plagiats- oder Rechtschreibprüfungen etwa. Sobald es aber um komplexere Unternehmensprozesse geht, stößt die Methode sicher irgendwann an ihre Grenzen. Da haben wir natürlich dann die Aufgabe, unsere Kunden zu beraten, ob es sinnvoll ist, eine Aufgabe mittels Crowdsourcing zu lösen oder ob man besser eine andere Methode einsetzt. Eine wichtige Entwicklung ist, dass heute immer mehr Interaktion mit den Kunden gemacht wird als früher. Das wird über Callcenter-Lösungen schnell sehr teuer. Warum sollte nicht beispielsweise der Support für eine Spielkonsole über die Spieler selbst gemacht werden? Im Zweifel wissen die Spieler sogar weit besser Bescheid als ein „angelernter" Mitarbeiter im Callcenter. Sie senken also nicht nur die Kosten sondern steigern gleichzeitig die Qualität Ihrer Dienstleistung. Natürlich gibt es da gerade von Gewerkschaftsseite auch Befürchtungen, dass diese Entwicklungen Jobs vernichten. Nach unseren Beobachtungen ist es aber eher so, dass es durch Crowdsourcing möglich wird, Dinge anzubieten, die früher so einfach nicht möglich waren.

Was sind aus Ihrer Sicht die vielversprechendsten auf Crowdsourcing basierenden Geschäftsideen?

Ich bin der Meinung, dass Customer Service und CRM-Management die Bereiche sind, die das größte Volumen in diesem Markt haben, weil sie die größte Nähe zum Outsourcing-Markt haben. Weitere Felder sind mit Sicherheit Innovationsmanagement und Forschung – auf jeweils spezialisierten Plattformen. Grundsätzlich schafft der Trend, immer mehr Unternehmensprozesse über das Web abzuwickeln, gute Voraussetzungen dafür, Crowdsourcing einzusetzen – man denke nur an das Telefonieren via Internet.

Wirtschaftsinformatik & Management

Zeitschrift für Business-IT

2 | 2013 • INTERVIEW „Wir bezeichnen nicht jede große Datenmenge gleich als Big Data." • SCHWERPUNKT Erstellung von Technologie- und Wettbewerbsanalysen mithilfe von Big Data • Big Data – Ein (ir)-relevanter Modebegriff? • Big Data und Datenschutz • SPEKTRUM Management von IT-Wissen bei Mergers & Acquisitions • Open Government Data

Big Data

Springer Gabler

Roland Werner
Nach seiner Promotion (Dr. sc. hum.) in Informatik/Theoretischer Medizin an der Universität Heidelberg arbeitete er als Abteilungsleiter Software für Dade Behring. Danach war er als Partner bei PWC Consulting für unterschiedliche Business-Intelligence-Großprojekte verantwortlich. Im Anschluss beschäftigte er sich als Partner bei IBM Deutschland mit verschiedenen CRM- und E-Business-Großprojekten. Als VP, Consulting Services Leader leitete Werner die Consulting-Services-Einheiten von IBM Global Business Services. Bei der GfK ist er Global Head, Technology Strategy Consumer Choices und verantwortet die Weiterentwicklung der geschäfts- und kundenrelevanten Softwaresysteme.

„Wir bezeichnen nicht jede große Datenmenge gleich als Big Data."

Big Data ist eines der aktuellen Schlagwörter in der IT-Branche. Wir sprachen mit der Gesellschaft für Konsumforschung (GfK), einem der weltgrößten Marktforschungsunternehmen, darüber, was das für die GfK bedeutet.

Das Gespräch führten Peter Mertens und Peter Pagel, Fotos: Uwe Mühlhäußer

Andreas Braun
Nach seiner Promotion (Dr. rer. nat) in Informatik/Software Engineering an der TU-München, durchlief er verschiedene Stationen als freiberuflicher Softwareentwickler in vor allem Telekommunikation (D-Telekom), Automobilindustrie (BMW) und Druck/Verlage. Anschließend war Braun als Unternehmensberater und Projektleiter für Accenture tätig. Der nächste Schritt führte ihn zu TNS Infratest, wo er als Bereichsleiter DV/Geschäftsleitung Produktion arbeitete. Danach kam er als Global Head, Business Applications zur GfK SE. Er trägt übergreifende Verantwortung für die Weiterentwicklung der geschäfts- und kundenrelevanten Softwaresysteme der GfK-Gruppe.

WuM: Welches sind Ihre Geschäftsfelder, in denen Sie die sogenannten Big-Data-Probleme lösen müssen?

Braun: Gerne würde ich voneweg auf unsere Definition von Big Data eingehen. Der Begriff ist in der GfK nicht einfach zu greifen, da das Unternehmen eine lange und umfassende Datenhistorie hat. Ähnlich wie bei der Entwicklung des World Wide Web selbst ist mit der Zeit die betriebs- und damit letztlich auch die volkswirtschaftliche Bedeutung dramatisch gestiegen. Für uns ist Big Data zunächst durch ein erhebliches Datenvolumen geprägt. Wir sehen den Internet-Scale-Aspekt. Daten wachsen exponentiell an, und zwar nicht nur die reinen Datenvolumina durch sehr viele Nutzer. Zunehmend spielen Information über die Datennutzung, oder „Daten-über-Daten", für die GfK eine große Rolle.

Wir bezeichnen aber nicht alles gleich als Big Data, bloß weil es um viele Daten geht (lacht).

Beim Stichwort Internet und Volumen ist auch das Thema Geschwindigkeit (Velocity) ein wichtiger Aspekt. Wir bekommen zunehmend Daten über technische Datenströme, zum Teil auch in erheblicher Geschwindigkeit, also ereignisbasierte Daten. Zudem nehmen unterschiedliche Formate und Formen von Daten zu (Variety). Wir haben die ganze Bandbreite von Social Media bis hin zu hochstrukturierten Daten. Es gibt neuerdings den Begriff Veracity, also Richtigkeit von Daten. Oft spricht man in diesem Zusammenhang auch von „Data in Doubt", was den Vertrauensverlust beschreibt – das ist für die Marktforschung sehr relevant. In diesem Kontext spielen auch die Aspekte Gesetzgebung, Privacy und Datenschutz eine große Rolle.

Vor dem Hintergrund dieser Definition erkennen wir vor allem neue Geschäftsfelder, in denen wir technische Datenströme bekommen – etwa im Bereich Mobile Anwendungen – als echtes Big-Data-Thema.

„Technische Datenströme" bedeutet im Sinne der Methodik, wie die Daten ankommen und wie diese erzeugt werden? Es geht nicht um Ingenieurwesen?

Werner: Darunter verstehen wir automatisch übertragende Sensoren, Internetquellen und -datenströme oder Software-Komponenten, die Daten erzeugen und an uns in hoher Frequenz liefern. Dieses hat nichts mehr mit Interviews zu tun. Umso mehr müssen wir uns mit Sensorik beschäftigen. Das Thema ist eine neue technische Herausforderung, vor allem für unsere Informatiker, aber auch eine Chance für unser Geschäft. Ich sehe das Thema nicht nur als eine normale Weiterentwicklung oder Evolution, sondern als einen Durchbruch,

wie massiv parallel Daten verarbeitet werden können. Das ermöglicht uns eine Form von Datenverarbeitung, die uns vor zehn Jahren nicht möglich gewesen wäre.

Das bedeutet, dass Big-Data-Technologien auch in Bereichen in Ihrem Haus eingesetzt werden, die eigentlich streng genommen nicht zu Big Data gehören?
Braun: Absolut. Zum einen benutzen wir diese Technologien bei Projekten, bei denen die Technik einfach in die Jahre gekommen ist. Da schaut man natürlich genau hin, wo es neue Ansatzpunkte gibt. Zum anderen nehmen wir viele Lerneffekte aus den Big-Data-Entwicklungen in unsere anderen Projekte mit hinein, denn wir merken, dass die verfügbaren Techniken fantastisch sind. Ein Beispiel wäre der Dateneingang, also die verschiedenen Wege, auf denen wir die Daten bekommen. Wir können Daten in Echtzeit prüfen, umformen und bearbeiten, bevor sie in unsere Datenbank eingehen.

Welche Organisation der Speicherung haben Sie gewählt? Streng zentral in Nürnberg oder jede Geschäfts- oder Ländergesellschaft für sich?
Werner: Unser Haupt-Rechenzentrum steht in Nürnberg. Im „Bauch" der GfK sind die Massen der Daten aus den Ländern in großen Datenbanksystemen hinterlegt, insbesondere die unserer klassischen Geschäfte. Natürlich sind diese mit einem redundanten Rechenzentrum abgesichert. Wir versuchen im Grunde, die Daten zentral zu speichern, aber in den Ländern einzusammeln und auch mit Sachkenntnis in den Ländern sicherzustellen, dass die Datenquelle auch die richtige ist. Manchmal müssen wir auch ganz nah an das Objekt herangehen, bis hin zum Händler, um dann dort die Daten zu erfassen. Es gibt durchaus Datenansammlungen, da können wir die Daten nicht in Deutschland speichern, diese müssen dann auf ein Transportniveau aggregiert werden. Wir haben deshalb tatsächlich eine globale Produktionskette aufgebaut und nutzen den Standort Deutschland für die Datenerhaltung. Aber jetzt kommt auch das Cloud-Thema, das für uns massiv interessant ist.

Braun: Wir kommen aus einer Daten- und Rechenzentrumshistorie, gehen aber zunehmend auch in Cloud-Lösungen und zwar nicht mehr nur mit Pilot-Projekten und mit Innovationsthemen. Wenn wir Daten in großen Mengen weltweit einsammeln, ist dies sehr praktisch und hilft uns auch in juristischer Hinsicht. Wo dürfen Daten hin, die sich in der Cloud sehr einfach kennzeichnen lassen, und wie stellt man sicher, dass sie dort bleiben? Gerade für US-Partner ist das oftmals ein heißes Thema, für europäische ohnehin.

Je weiter man in die anderen Rechtsräume geht, desto mehr Probleme bekommt man mit der EU oder auch mit deutschen Datenschutzbehörden. Wie gehen Sie damit um?
Braun: Vielleicht nochmal ganz konkret, wir sammeln Daten in unterschiedlichsten Ländern ein, die verschiedene Einzelrechtsräume darstellen. Oft sind diese aber schlecht kompatibel. Als Marktforschungsinstitut dürfen wir durchaus Daten einsammeln und erst einmal anonyme Daten verarbeiten, diese Richtlinien gibt es in europäischen Ländern, nicht nur gesetzlich, sondern auch durch die Standesverbände. Die Cloud

bietet für uns in einigen Räumen eine sehr gute Möglichkeit, die Daten dort zu belassen. Wir kennzeichnen die Daten bei den großen Cloud-Anbietern. Wir können entscheiden, dass Daten die USA oder die EU nicht verlassen, welches eine sehr praktische Sache ist, um dieses Problem vor der Aggregation zu lösen. Reine Anonymisierung genügt datenschutzrechtlich oft nicht mehr. Gerade in Deutschland kann oft auf den Lieferanten der Daten geschlossen werden. Aus Bewegungsprofilen, aus Kontext-Daten könnte beispielsweise ein Politiker oder ein anderer Prominenter identifiziert werden.

Findet nicht auch eine extrem personalisierte Ansprache des Kunden statt?
Braun: Das fällt in den Bereich Marketing, das wir ganz klar nicht betreiben. Wenn wir zum Beispiel einen Automobilhersteller beraten, welche Farben potenzielle Kunden für dieses Marktsegment bevorzugen, so geben wir Ergebnisse stets in Form von zum Beispiel Käufersegmenten ab. Aber wir gehen niemals auf personalisierte Marketinginformationen oder jede Art von personenbezogenen Daten.

Es gibt Voraussagen, dass das Data Warehouse nicht mehr benötigt werde, weil der Trend sich zu In-Memory-Computing entwickelt. Spielt diese Entwicklung für Sie eine Rolle?
Werner: Data Warehouse ist ein weiter Begriff und hat seit der Einführung über die Jahre hinweg verschiedenste Formen der Umsetzung erfahren. Ich habe in den vergangenen Jahren Varianten gesehen, bei denen Unternehmen alles in Form des Enterprise Data Warehouse auf eine große Plattform packen und massiv parallel arbeiten. Ich denke, diese Form hat keine Zukunft. Als Logical Enterprise Warehouse wird das noch weiterleben, durch eine Kombination von Technologien, die sich stark verändern. Wir werden sicherlich in den nächsten Jahren viele Synthesen aus relationalen und neuartigen Datenbanksystemen sehen. Dennoch ist das, was heute als Datenraum erzeugt wird, für uns als GfK weiter ein Enterprise-Datenraum, aus dem wir dann sehr spezifische Fragestellungen bedienen. Vielleicht wird der Begriff Data Warehouse mit Big Data in den Hintergrund treten.

Zu Big Data gehören auch die Analysemethoden, jedenfalls nach den meisten Definitionen. Dazu laufen auch die unterschiedlichen Simulationen, die man im Marketing im Laufe der Zeit entwickelt hat. Haben Sie auch in diesem Bereich spezielle Kundenaufträge zu verzeichnen?
Braun: Das Thema nimmt an Bedeutung zu. Wir haben einstweilen verschiedene Produkte in dieser Richtung, die auch live bei Kunden eingesetzt werden. Wir nennen diese Methode Rapid Analytics: individuelle Kundenanalysen werden sehr schnell in Echtzeit durchgeführt. Die eigentliche Berechnung erfolgt „on demand", das bedeutet die Analysen werden nicht vorgerechnet oder aggregiert, sondern auf Basis der individuellen Kundenfragestellung quasi in Echtzeit aus Rohdaten erstellt. Wir haben aufgrund der steigenden Nachfrage eine Plattform dafür, aber ich würde nicht sagen, dass wir in diesem Punkt schon am Ende angekommen sind. Die Entwicklung geht hier noch weiter, zum Beispiel in Richtung umfassender Touchpoint-Analysen in Echtzeit.

Heißt das, die Kunden nehmen dann die Analysen selbst vor?

Braun: Wir liefern eine Lösung, die in der Lage ist, „on demand" abgerufen zu werden. Der Kunde beauftragt eine Abfrage. Die Lösung wird dem Kunden daraufhin in einem Produkt, das er kauft, zur Verfügung gestellt. Die Daten, die dann letztendlich analysiert werden, kommen von uns.

Werner: Vielleicht kann man sagen, Marktforschung ist da, wo Technologie und Statistik zusammentreffen. Wenn es nur um Technologie gehen würde, könnten es viele. Aber wir haben hier sehr viele Mitarbeiter in der GfK, die Experten in statistischen Verfahren sind, sodass auch das, was wir über den Markt aussagen, statistische Relevanz hat. Das sind nicht immer die einfachen Verfahren der deskriptiven Statistik, sondern es sind auch explorative Verfahren bis hin zum Data Mining. Natürlich ist es unsere Aufgabe, die Mischung aus Daten plus Technik plus statistische Verfahren bereitzustellen, sodass Kunden diese auch selbst nutzen können. Auf der anderen Seite ist meine persönliche Beobachtung, dass es schwer ist, anhand der Messung der Vergangenheit die Zukunft vorauszusagen. Es ist ein großer Sprung, das statistisch relevant zu machen und eine Aussage herauszuarbeiten. Im Zweifelsfall wird durch Big Data die Stichprobe größer, aber das statistische Verfahren ist weiterhin ein großer Anspruch.

Warum liefern Sie all diese Informationen nach draußen, sowohl das Methodenpaket als auch die Daten? Der Kunde simuliert dann selbst. Sie könnten aber auch für den Kunden alles machen und die Ergebnisse gleich interpretieren.

Braun: Das ist ein Spagat. Wir bieten dem Kunden Produkte an, die dieser kauft, und versetzen ihn somit in die Lage, bestimmte Dinge selbst zu tun. Oft ist es in der Praxis so, dass man damit bestimmte Analysen fahren kann und der Kunde ohne uns in der Lage ist, durch Lösungen unseres Tools Aussagen zu treffen. Diese Methode hat natürlich ihre Grenzen. Sehr oft brauchen Kunden Studien, um festzustellen, ob das Ergebnis belastbar ist. Wir sind in diesem Bereich sehr variabel und flexibel.

Unsere nächste Frage möchten wir an einem Beispiel festmachen: Stuttgart 21. In der Moderationsrunde unter Leitung von Geißler kamen sehr viele Vorschläge auf den Tisch. Dem Züricher Software Haus, das auf Verkehrssimulation spezialisiert ist, wurden die Vorschläge unterbreitet und ein Ergebnis erwartet, das erst nach einigen Wochen vorlag. Es ist heute aber keine Vision mehr, schon nach wenigen Stunden ein Simulationsresultat zu erhalten. Das Modell muss aber erst konfiguriert und das Resultat dann in den Gremien geeignet visualisiert werden. Sie haben bei der GfK schon Erfahrungen mit einem System gemacht, das quasi automatisch Analyseergebnisse visualisiert und über Nacht aus den Marktforschungsdaten Power-Point-Folien entwickelt. Diese werden sogar personalisiert, also auf Präferenzen und Abneigungen der GfK-Kunden ausgerichtet.

Braun: Unsere Aufgabe ist es, die statistischen Verfahren, Algorithmen und die Technologien zu einem stark automatisierten System zu integrieren. Dadurch können wir Entscheidungen vorrechnen und vorbereiten. Zukünftig können wir Dinge sicher noch besser visualisieren und Varianten rechnen, tiefer gehen, mit mehr Daten arbeiten. Da hilft Big-Data-Technologie eindeutig.

> *„Unsere Aufgabe ist es, die statistischen Verfahren, Algorithmen und Technologien zu einem stark automatisierten System zu integrieren."*

Als Beispiel für systemgenerierte Modellbildung kann man einen großen Kunden (eine Hotelkette) aus den USA anführen, für den wir eine laufende Befragung durchgeführt, die Ergebnisse in Echtzeit ermittelt und diese auf einzelne Hotels heruntergebrochen haben. Es gibt dreieinhalb Millionen Interviews. Hier war folgender Fall eingetreten: In einem Hotel in Texas gab es einen Notfall, eine Wasserleitung war gebrochen. Über Smartphones hatten sich in kürzester Zeit etliche Hotelgäste beschwert. Das System hat daraus anhand eines „Watch Dogs" erkannt, dass etwas schief läuft, und sendete eine Warnung an den Hotelmanager. Dieser konnte reagieren und den größten Schaden verhindern. Das System hat den anormalen Effekt herausgefunden, dass innerhalb von kürzester Zeit enorm schlechte Bewertungen in einer hohen Dichte ankamen. Normalerweise bekommen wir nie innerhalb von zehn Minuten 50 Beschwerden, die sich auf ein Hotel fokussieren. Für die Marktforscher in der Vergangenheit war eine solche Reaktion in „Fast-Echtzeit" nicht möglich, da diese nur Papierbögen zur Hand hatten und die Ergebnisse erst drei Monate später auf dem Tisch lagen.

Ich würde auch sagen, dass die Herausforderungen, die wir zurzeit haben, nicht per se nur technischer Natur sind.

Gibt es also Bestrebungen, mit KI die Quintessenz aus den produzierten Zahlen herauszuziehen?

Werner: Wir sammeln inzwischen Daten in einer so großen Menge ein, dass wir nach Methoden Ausschau halten müssen, mit denen wir dieser Herr werden können. Das sind unter anderem auch Data-Mining-Verfahren, bei denen man auch lernen muss, mit Wahrscheinlichkeiten umzugehen. Da muss aus meiner Sicht ein Change Management betrieben und die ganze Organisation und auch die Kundschaft darauf eingestimmt werden. Man bewegt sich heraus aus der deskriptiven Statistik hinein in die reinen Wahrscheinlichkeiten. Nur dann können diese Verfahren greifen.

Haben Sie einen betrieblichen Datenschutzbeauftragten, der sich nur um Ihre Arbeitnehmer kümmert, oder ziehen Sie ihn regelmäßig auch zu Rate, wenn es um Kundendaten geht?
Braun: Wir haben nicht nur für die Arbeitnehmer einen Datenschutzbeauftragten. In dem Aspekt würde ich uns eher mit einer Bank vergleichen, weil wir sehr oft Kenntnisse über Informationen haben, die in der Form nicht ohne Weiteres an die Öffentlichkeit gelangen sollten. Wir sehen das natürlich

> *„Für Marktforscher in der Vergangenheit war eine Reaktion in ‚Fast-Echtzeit' nicht möglich, da sie nur Papierbögen zur Hand hatten."*

auch bei unseren Projekten sehr streng und haben dafür einen speziell zuständigen Juristen. Sowohl in Projekten, die auf bestehenden Methoden basieren, als auch natürlich insbesondere in neuen Themen und Technologienutzungen. Wir kämpfen auch mit den Gesetzgebungen in unterschiedlichen Ländern, die sich teilweise erheblich unterscheiden. Dazu kommen neue Fragen, die zum Beispiel durch den Siegeszug der Smartphones entstehen.

Können die neuen Entwicklungen mit Big Data zu innovativen Unternehmen führen, die nicht nur Verkaufs- und Marktinformationen bereitstellen? Könnten Schufa und GfK zum Beispiel fusionieren?
Werner: Nochmal zu dem Auftrag von Marktforschungsunternehmen. Wir berichten über den Markt, nicht über den Einzelnen. Und natürlich ist der Unternehmenszweck der Schufa, über den Einzelnen Auskunft zu geben. Wir sind die Richtigen, um über die Verkaufskraft in Gebieten zu informieren. Die Schufa hat ein ganz anderes Geschäftsmodell. Ich kann mir natürlich vorstellen, dass Marktforscher auch über Finanzprodukte Marktdaten erheben oder zur Einkommensstruktur in Regionen. Dass zwischen Schufa und GfK ein Zusammenwachsen angedacht wäre, ist mir nicht bekannt.

Die GfK ist stark in der Fernsehforschung engagiert. Sie misst zum Beispiel die Einschaltquoten. Wird die Rundfunkgebühr in Zukunft nicht mehr pauschal, sondern nutzungsabhängig erhoben werden? Technisch könnte das ja möglich sein.
Werner: Ich denke, die Frage zeigt zwei Aspekte auf. Einmal stellt sich die Frage, was mit Technik machbar ist. Unser Auftrag zum Beispiel für die Arbeitsgemeinschaft Fernsehen ist, dass wir Daten zählen und diese Zählung zuverlässig bereitstellen. Das ist der klassische Bereich der Marktforschung im Bereich der Medienforschung.

Unsere heutige Semantik setzt stark auf eine Stichprobe, die dann hochgerechnet wird. Dabei handelt es sich um bevölkerungs-repräsentative Stichproben. Wir betrachten demnach auch die einzelnen Teilnehmer, etwa wer aus einem Familienhaushalt befragt wurde. Das ist eine große Herausforderung und wir betreiben auch an dieser Stelle einen sehr großen Aufwand. Ob das ein technisches Verfahren wäre, das man skalieren könnte, ist fraglich. Man müsste auf andere Ansätze setzen. Wir beobachten Marktgegebenheiten, welche von Staat zu Staat unterschiedlich sind. Deutschland steht für Satellitenfernsehen, in England und den USA existieren mehr Kabelboxen. Vor diesem Hintergrund muss man sich damit beschäftigen, wie in Zukunft konsumiert werden wird. Der Trend geht zum Anstieg von Internetmedien. Bei Messtechniken und Sensorik haben wir große Spielräume. Wenn der Auftrag wäre, anders oder mehr zu messen, könnten wir sehr kreativ werden. Ob man damit die Preisstruktur ändern möchte, ist eine politische oder wirtschaftliche Entscheidung.

Abschließend eine Frage zur Messbarkeit: Viele Leute nutzen mehrere Medien parallel. Erfassen Sie diese unterschiedlichen Daten auch?
Braun: Diese Entwicklung ist für die Werbeindustrie sehr wichtig, um zu erkennen, wie aufmerksam und empfänglich der Konsument letztendlich ist. Die Mehrfachgeräte-Nutzung stellt tatsächlich einen Trend dar, wie wir aus unseren Studien ersehen. Wir stellen auch fest, dass Leute Werbung registrieren und das Produkt relativ kurze Zeit später online erwerben. Diese „Second-Screen"-Verwendung ist eine deutlich ansteigende Entwicklung und wird auch in Zukunft immer mehr an Bedeutung gewinnen.

Zeitschrift für Business-IT

Wirtschaftsinformatik & Management

1 | 2013 • INTERVIEW „Open Innovation ist dagegen die Kunst, jeden Einzelfall als Sonderfall zu akzeptieren" • SCHWERPUNKT Innovationsnetzwerke: mit Industrie und Wissenschaft zu neuer Innovationskraft • Werkzeuge der Open Innovation • Innovatives Projektmanagement • SPEKTRUM Einführungsstrategien für die Unified Modeling Language (UML) • Gamification • Die Wissenselite von morgen führen

Open Innovation Networks

Springer Gabler

„Open Innovation ist die Kunst, jeden Einzelfall als Sonderfall zu akzeptieren"

In hochgeheimen Labors, abgeschlossen von der Außenwelt, werden neue Produkte entwickelt. Diese Zeiten sind lange vorbei. Open Innovation heißt das Stichwort, das Innovationsprozesse verändert und oft deutlich beschleunigen kann. Wir sprachen mit Dr. Heinrich Arnold von Telekom Innovation Laboratories (T-Labs) über dieses Thema.

Text: Peter Pagel Fotos: Dirk Hasskarl

Dr. Heinrich Arnold leitet mit den Telekom Innovation Laboratories (T-Labs) den Forschungs- und Innovationsbereich der Deutschen Telekom AG. Unter seiner Leitung wurde eine Anzahl von signifikanten Beträgen für Produkte und Infrastruktur erzielt. Eine Reihe von Geschäftsmodellen und neugegründeten Unternehmen beruht auf den Projektergebnissen des Innovation-Development-Bereichs der T-Labs. Dazu gehören Trust2Core, Zimory, Yoochoose, QiSec, Spree, Schaltzeit, MisterX, u.v.m. Weitere Neugründungen befinden sich in der Vorbereitung. Zuvor war Dr. Heinrich Arnold an der Ausgründung des Kabelgeschäftes aus der Deutschen Telekom beteiligt und leitete umfangreiche organisatorische und strategische Projekte im Kontext von Innovation bei der Deutschen Telekom.

WuM: Was machen die T-Labs im Bereich Open Innovation?
Heinrich Arnold: Die T-Labs sind vor acht Jahren gegründet worden, um die Frage zu beantworten, wie man angesichts der ungeheuren Innovationsdynamik in unserer Branche die gesamte Forschung und Innovation eines Konzerns in einen größeren Kontext und den freien Fluss von Ideen und Kompetenzen stellen kann. Das ist aus Unternehmenssicht natürlich eine Grundsatzentscheidung, vor acht Jahren waren wir mit dieser Entscheidung sehr früh dran. Wir waren damit eines der bewusstesten und größten Experimente im Bereich Open Innovation. Begonnen haben wir damit, dass wir uns als sogenanntes An-Institut der TU in Berlin gegründet haben – also eine Public Private Partnership mit der Universität. Am Standort Berlin konnten wir zudem von einer sich entwickelnden Start-up-Szene profitieren, die unternehmerische Ambition anzieht. Mittlerweile haben wir sehr viel gelernt und können sagen, dass sich diese Konstruktion bewährt hat. Konsequenterweise haben wir dieses Konstrukt, das Kompetenzen aus Industrie, internationale Expertise aus der Wissenschaft und Unternehmertum zusammenbringt, dann in Israel und im Silicon Valley nachgebaut.

Der Erfolg hat dazu geführt, dass wir unsere Tätigkeit sukzessive ausgebaut haben – bis hin zur Gründung von neuen Unternehmen aus erfolgreichen Projekten heraus. Es ist schon etwas Besonderes, dass ein Konzern quasi ein Casting für vielversprechende, anspruchsvolle Geschäftsideen macht, um die richtigen Kompetenzen zusammenzubringen – mit hohem Einsatz an Kapital, aber vor allem mit hochqualifizierten Fachleuten. Das steht dann im Gegensatz zum typischen aber weniger berühmten Start-up, wo man mit entsprechend mehr Zeit und Enthusiasmus oft den Mangel an Kapital oder die fehlenden Kompetenzen ausgleichen muss. Wir können da einfach auf einem anderen Niveau einsteigen. Wichtig ist, dass auch dort verschiedene Parteien zusammenspielen. Die Leute, die wir da aus dem internationalen Umfeld bekommen, sind einerseits Telekommunikationsexperten und andererseits solche mit Geschäftsgründungsexpertise. Das ist im Grunde die nächste Ausprägung von Open Innovation.

Lassen Sie mich da noch mal einhaken, wie ist Ihre persönliche Definition von Open Innovation?

Open Innovation heißt für uns, dass wir in geschickter Weise Einsichten und Erkenntnisse von außen mit solchen aus unserem Unternehmen kombinieren und daraus neue Geschäfte entstehen lassen, die weder ohne Beteiligung des Konzerns noch ausschließlich innerhalb möglich wären. Das wäre eine praxisorientierte Definition aus unserer Sicht. Das ist genau der weiße Fleck auf der Landkarte, den wir auf diese Weise füllen. Das sieht man ja auch an den konkreten Beispielen, wenn wir etwa ein System zur sicheren Kommunikation zum Produkt machen, wie bei Trust-to-Core, so gelingt das nur mit einem tiefen Verständnis von Telekommunikation, um überhaupt zu wissen, wo mögliche Schwachstellen sind. Das geht vielleicht auch noch ohne eine Telekom. Was man aber darüber hinaus benötigt, ist eine sehr gute Beziehung zu Hardware-Lieferanten. Ich muss die technischen Spezifikationen bekommen, bevor die Produkte auf dem Markt sind, sonst laufe ich der Entwicklung immer nur hinterher. Wenn man als Start-up versuchen würde, solche Beziehungen aufzubauen, stünden Aufwand und Nutzen sicher in keinem allzu guten Verhältnis. Hinzu kommt, dass Sie etwa im Bereich sicherer Kommunikation überhaupt satisfaktionsfähig sein müssen – also dass Sie überhaupt in der Lage sind, für die Produkte, die Sie abliefern, zu haften. Das funktioniert als No-Name-Erstlingsanbieter nicht. Bei anderen Themen, die zum Beispiel im Bereich Cloud Computing angesiedelt sind, hilft es ungemein, wenn man im Hintergrund krisen- beziehungsweise ausfallsichere Rechenzentren hat. Oder wenn man sicherstellen kann, dass eine Cloud-Lösung auch mit den gesetzlichen Regularien konform geht. Es geht dabei also um weit mehr als um rein technisches Wissen.

Die Grundfrage ist doch, ob so ein Modell, wie ich es eben beschrieben habe, rein virtuell funktionieren kann – ich glaube, im Moment noch nicht. Der richtige Standort spielt eine große Rolle. Wenn ich die Expertise des Konzerns mit Kompetenzen aus dem Umfeld zusammenbringen will, muss ich schon da hingehen, wo ich das geballte Know-how finde; in

„Open Innovation heißt für uns, dass wir Einsichten und Erkenntnisse von außen mit solchen aus unserem Unternehmen kombinieren."

das Umfeld von Universitäten und an Orte, wo es eine lebhafte Start-up-Szene gibt. Das ist auch der Grund dafür, dass wir hier so ein Hybrid sind aus israelischem Schaffensdrang, der Berliner Start-up-Szene und aus dem Silicon Valley, wo jeweils unsere Hauptstandorte liegen. Man mag einwenden, dass Teilaspekte woanders billiger zu haben wären, aber diese drei Zutaten werden Sie immer brauchen.

Die Start-up-Szene ist ja unter anderem dadurch geprägt, dass sie sehr fluide ist, die Leute wechseln gewissermaßen ständig ihren Aggregatzustand. Heute arbeitet einer in einem selbstdefinierten Projekt, morgen in einem Start-up und über-

morgen in einem freiberuflichen Arbeitsverhältnis mit einem Konzern wie unserem. Das ist schon ein sehr spezielles Umfeld, das Sie nicht beliebig oft auf der Welt vorfinden – und Berlin ist in dieser Hinsicht einer der Hotspots.

Welche sehen Sie als die Hauptschwächen des Open-Innovation-Ansatzes?

Also, die größten Sorgen kann ich klar benennen: Großunternehmen machen sich in diesem Zusammenhang vor allem Sorgen, dass sie geistiges Eigentum verlieren könnten. Dass einem gewissermaßen die Welt etwas abschaut. Es ist aber bei einem offenen, nicht einseitig begrenzten Informationsfluss relativ offensichtlich, dass man von der Welt mehr lernen kann als umgekehrt (lacht). Wenn man mit asiatischen Ländern zusammenarbeiten will, ist allerdings dieses Risiko schon real, da muss man sehr aufpassen, dass der Informationsfluss wirklich offen ist. Ein ganz wichtiger Punkt für Open Innovation ist, dass man als Unternehmen attraktiv bleiben muss. Wenn man mit seinen Geschäftsgründungsabsichten zu lange im Ungefähren bleibt, sind die Topleute auch wieder weg. Wenn man nicht schnell genug in die Umsetzung geht, hat man die Chance verpasst – schneller, als das in der Zusammenarbeit mit Konzernmitarbeitern wäre. Ein Konzern muss sich also daran gewöhnen, dass die Entscheidungsfindung in Projekten beschleunigt werden muss.

Ich habe vor zwei Jahren eines der oft als führend bezeichneten Unternehmen im Bereich Open Innovation besucht – ein Waschmittelhersteller aus den USA. Die waren unglaublich stolz darauf, dass 60 Prozent ihrer Produkte jetzt mit Partnerunternehmen erstellt werden. Daraus ergibt sich, dass es sehr relativ ist, was für ein Unternehmen große Offenheit bedeutet. Für einen Operator wie die Telekom ist der Normalzustand ohnehin, dass 90 Prozent der Produkte von Lieferanten kommen.

Ist Open Innovation ein Ansatz, der sich hauptsächlich für Konzerne lohnt, oder ist das auch etwas für kleinere Unternehmen?

Es hat bei kleineren Unternehmen vielleicht einen anderen Namen, aber die Unterschiede zwischen Crowdsourcing, diversen Marktplätzen und Open Innovation sind ja fließend. Treiber des Ganzen ist natürlich die grundsätzliche Verfügbarkeit von Internet-Marktplätzen, Austauschplattformen und Ähnlichem. Hinzu kommt, dass die Erstellung von Software deutlich einfacher geworden ist, als Folge der stark angewachsenen Modularisierung, die das Ganze schneller und billiger macht. Zudem ermöglicht die Modularisierung, dass ich für meine Software mit Versatzstücken arbeiten kann, die für andere Zusammenhänge erstellt wurden. Ich bin sicher, dass das Ende dieser Entwicklung noch lange nicht erreicht ist und dass sich der Trend hin zu mehr Offenheit in den nächsten Jahren weiter verstärken wird. Große Unternehmen müssen sich in dieser Situation selbstkritisch fragen, wo Größe noch eine Stärke im wirtschaftlichen Wettbewerb darstellt und wo nicht. Um Großsysteme erstellen zu können, muss man heute nicht mehr groß sein. Man kann heute mit fünf

Leuten das machen, wofür man vor zehn Jahren noch 50 gebraucht hätte. Das spürt die Industrie durch die gesamte Wertschöpfungskette.

Das heißt, die Rolle der großen Konzerne verändert sich gerade fundamental?

Ich glaube ja. Auswirkungen dieser Entwicklung kann man in wirklich allen Industrien erkennen. Einer der vielleicht konservativsten Bereiche, der zugleich immer auch sehr innovativ war, ist die Pharmaforschung. Auch da kann man jetzt beobachten, wie sich der bislang lineare Entwicklungsprozess auflöst und stattdessen mit Komponenten gearbeitet wird, die man über spezialisierte Biotech-Firmen einkauft.

Ganz stark sieht man diese Entwicklung außerdem überall da, wo Elektronik und Software Einzug halten, wenn es zum Beispiel um Steuerung und Ähnliches geht. In diesem Zusammenhang wird ja inzwischen auch von Industrie 4.0 gesprochen, bei der Frage danach, was es bedeutet, wenn mechanische Komponenten auf einmal alle internetfähig sind? Was bedeutet das – für die Fernwartung, für Maschinenversicherungen, für Leasingverträge etc.?

Insgesamt ist die Entwicklung zur offenen Innovation eine Chance für Standorte, die kompetente Leute haben. Der Faktor Kompetenz und Wissen ist für Open Innovation so wichtig, dass sich die Wertschöpfungszentren in der globalisierten Wirtschaft neu sortieren werden. Das ist auch für einen Wissensstandort wie Berlin und Deutschland als Ganzes eine echte Chance, bei einigen Themen wieder mitzureden, wo wir in den vergangenen Jahren an Boden verloren haben. Voraussetzung dafür ist natürlich, dass wir mit dem nötigen Ehrgeiz und ambitioniert an diese Aufgaben herangehen. Man muss auch bei Open Innovation etwas können, was nicht jeder kann, das ist Grundvoraussetzung.

Was sind die Konsequenzen für die Hochschullandschaft, für die Ausbildung von Nachwuchskräften? Tun wir da schon genug?

Wir hatten gerade einen unserer Absolventen zu Besuch, der jetzt Professor für Innovationsmanagement in Dänemark ist. Er sagt, dass vieles gut läuft in Deutschland, dass gute Leute an den Unis sind. Er sieht aber auch, dass die Bildungsinstitutionen in anderen Ländern sehr viel besser finanziert sind als bei uns. Das kann ich aus eigener Anschauung für die USA und Israel bestätigen – man sieht das am Zustand der Gebäude, der Infrastruktur bis hin zu den Grünanlagen. Gerade Letzteres mag trivial klingen, aber genau so etwas prägt den Eindruck, den man von einer Universität nach einem Besuch mitnimmt. Welcher dieser Besucher, die von den amerikanischen Top-Unis so angetan sind, hat tatsächlich ein längeres Gespräch mit einem der Professoren geführt? Im Endeffekt war es oft der äußere Eindruck.

Ich bin der Ansicht, dass man es den Unis in Deutschland nicht zu schwer machen sollte, Mittel anzuwerben. Dazu müsste man Auflagen wegnehmen, zum Beispiel bei der Zuteilung von Europäischen Förderprogrammen, und insgesamt Prozesse zur Verteilung der vorhandenen Mittel vereinfachen.

Je direkter der Weg der Mittel zu den Universitäten ist, desto besser.

Tun wir genug? Wir stehen nicht schlecht da. Die Absolventen sind nach wie vor sehr gut. Um die Ergebnisse weiter zu verbessern, sollte man den Universitätsführungen noch mehr Eigenverantwortung zugestehen, um Profile zu schärfen und auch, um den Wettbewerb unter den Instituten zu fördern. Wir müssen Extreme zulassen, wenn wir echte Spitzenleistung wollen.

„Ich bin der Ansicht, dass man es Unis in Deutschland nicht zu schwer machen sollte, Mittel anzuwerben."

Was sind eigentlich die Voraussetzungen in einem Unternehmen, um Open Innovation erfolgreich durchführen zu können?

Ganz entscheidend ist, dass die Unternehmensführung ein klares Commitment für diese Entscheidung eingeht und dies aktiv kommuniziert, das macht vieles einfacher. Bei einigen Unternehmen ist das schon vorhanden, quasi als Bestandteil der Unternehmenskultur, bei anderen muss es erst einmal öffentlich gesagt werden. Ein Selbstläufer ist es in keinem Fall. Es ist aber nicht unbedingt schwieriger als traditionelle Formen der Innovation. Als Innovator kämpft man immer gegen die Wahrscheinlichkeiten, ich muss immer andere überzeugen, Innovationsbarrieren überwinden – manches ist in einem Open-Innovation-Model einfacher, manches aber auch schwieriger, insgesamt gleicht sich das vermutlich in etwa aus.

Was auf gar keinen Fall geht, ist, mit Software-Tools die nötige Grundeinstellung ersetzen zu wollen. Das beste Tool ist nutzlos, wenn es nicht von Leuten genutzt wird, die bereit sind, Sonderlösungen und neue Wege zu finden. Ohne spezielle Tools ist Open Innovation durchaus machbar, ohne Mitarbeiter mit der richtigen Einstellung hingegen auf keinen Fall. Man könnte sogar fast sagen, Tool und Open Innovation schließen sich aus. Weil jedes Tool einen Rahmen vorgibt. Open Innovation ist dagegen die Kunst, jeden Einzelfall als Sonderfall zu akzeptieren und eine passende Lösung zu finden. Dafür gibt es einfach keinen Standard. Üblicherweise sind es die Regelabweichungen, die man managen muss. Wenn ich alles immer so mache, wie ich es schon immer gemacht habe, kann ich nicht innovieren.

Glauben Sie, dass Open Innovation in Zukunft noch wichtiger wird?

Auf jeden Fall. In den Bereichen, wo Open Innovation möglich ist, wäre es vollkommen unsinnig, noch anders zu arbeiten. Man hätte im Wettbewerb einfach keine Chance mehr, zu bestehen. Entscheidend ist dabei die Fähigkeit, zu erkennen, was man als Organisation kann und noch wichtiger, was man nicht kann. Etwas neu aufzubauen, was ein anderer schon jetzt viel besser kann, ergibt keinen Sinn.

www.wirtschaftsinformatik-management.de • Springer Gabler Executive Information

Wirtschaftsinformatik & Management

. 2012 ▪ **INTERVIEW** „Wer sein Team motivieren muss, hat nichts verstanden." ▪ **TECHNOLOGIE** Der „Preis
 s Kostenlosen" ▪ IT-Automatisierung schafft Freiräume ▪ **STRATEGIE** Zum Ungleichgewicht am IT-Arbeits-
 rkt ▪ Der Weg zum Social Business ▪ **MANAGEMENT** „Unter Uns" Kollegen im Web 2.0 ▪ Sterben im Internet

Jobs in der IT-Branche

„Wer sein Team motivieren muss, hat nichts verstanden."

Mit der zunehmenden Wichtigkeit der It für die Wirtschaft ist es kein Wunder, dass It-Profis händeringend gesucht werden. Darüber, was Unternehmen heute und in Zukunft tun müssen, um Fachkräfte für sich zu gewinnen, sprach Chefredakteur Peter Pagel mit dem Mitbegründer und Geschäftsführer von iteratec, Klaus Eberhardt.

Das Gespräch führte Peter Pagel • *Fotos Bernhard Huber*

WuM: Herr Eberhardt, ist der Fachkräftemangel in der IT real oder am Ende doch nur ein Hype?
Klaus Eberhardt: Letzteres ganz sicher nicht. Das Problem ist ja nicht neu. Schauen Sie sich als Beispiel nur die Entwicklung gegen Ende der 90er-Jahre an. Wir hatten mehrere Bedarfswellen, die sich überlagert haben: Das Y2K-Problem – also den Jahreswechsel 1999 auf 2000, die Euro-Einführung im bargeldlosen Zahlungsverkehr und die Tatsache, dass Unternehmen im großen Stil ins Internet gingen. Diese Projekte wurden letztlich alle umgesetzt, obwohl die eigentlich nötigen Mitarbeiter nicht vorhanden waren. Welche Folgen hatte das? Ganz einfach: Es mussten aus akuter Not heraus Leute eingestellt werden, die eigentlich nicht ausreichend qualifiziert waren – das führte zu vielen gescheiterten Projekten, zumindest zu schlecht programmierten Anwendungen, die zu reparieren teilweise noch Jahre richtig viel Geld kostete. Insgesamt entstanden dadurch zu hunderten Millionen Fehlinvestitionen, die besser anders verwendet worden wären.

Heute ist unser Alltag noch viel stärker von IT und Softwaresystemen durchdrungen als damals. Die immer größere Komplexität der Anwendungslandschaften wird gleichzeitig immer schwerer beherrschbar. Früher bestand ein Auto aus Mechanik mit etwas Elektrotechnik. Heute sind es fahrende Rechenzentren, die mobil mit ihrer Umwelt und zunehmend untereinander kommunizieren. Weil das kein Einzelfall ist, brauchen wir immer mehr IT-Knowhow auch an Stellen, wo es nicht gleich vermutet wird. Kaum ein Unternehmen kommt mehr ohne IT-Fachkräfte aus, die zu finden aber aufgrund des großen Bedarfs in der Industrie für mittelständische Firmen immer schwerer wird.

An dieser Stelle offenbart sich für mich der eigentliche Fachkräftemangel in der IT, über den aus meiner Sicht viel zu wenig gesprochen wird. Auch noch nicht so richtig im Bewusstsein der Öffentlichkeit angekommen ist das Thema Cyber-Kriminalität. Unsere Gesellschaft wird immer anfälliger für Angriffe aus dem Internet. Wenn wir heute etwa über die Energiewende sprechen – insbesondere über die verteilte Steuerung von Verbrauch und Produktion erneuerbarer Energien – dann heißt das auch, dass mehr dezentrale IT benötigt wird. Aus den sich daraus ergebenden Bedrohungsszenarien ergeben sich umfassende Herausforderungen, die entsprechende Fachleute benötigen. Gerade habe ich gehört, dass in Indien eine Initiative zur Ausbildung von Sicherheitsfachleuten gestartet wird – so etwas gibt es bei uns meines Wissens nach nicht, sollte es aber.

Worauf kommt es Ihnen bei einem Mitarbeiter vor allem an?
Wir haben uns zum Ziel gesetzt, der IT-Dienstleister mit der höchsten Kompetenzdichte zu sein. Was meinen wir damit? Kompetenzdichte ist das Verhältnis der Gesamtkompetenz zur Größe der Firma, das heißt, zur Anzahl der Mitarbeiter. Kompetenz ist bekanntermaßen keine wirklich messbare Größe und in jeder Firma gibt es selbstverständlich unterschiedlich kompetente Mitarbeiter mit unterschiedlichen Kompetenzen. Die Gesamtkompetenz der Firma ergibt sich aus der Summe der Kompetenz der einzelnen Mitarbeiter. Bei einer kleinen, neugegründeten Firma ist die Kompetenzdichte praktisch 100 Prozent, wenn sie aber wächst, geht nahezu zwingend die Dichte nach unten. Das zu verhindern, ist der Schlüssel für den Erfolg eines Dienstleisters – nicht die Größe, Farshore-Fähigkeit oder ähnliches, wie gerne behauptet wird.

Wir erwarten gar nicht, dass ein Mitarbeiter, wenn er zu uns kommt, zu 100 Prozent kompetent ist. Wichtig ist für uns, dass er willens ist und die Fähigkeit hat, mit unserer Hilfe auf die 100 Prozent zu kommen – immer wieder. Denn Kompetenz ist ja nichts Statisches, gerade in der IT müssen Sie diese immer wieder aufs Neue herstellen.

Absolute Größe ist für uns kein relevanter Maßstab. Es gibt deshalb bei uns auch keine Wachstumsziele – dennoch haben wir unsere Größe in den vergangenen vier Jahren wieder einmal verdoppelt. Entscheidend ist die Frage, „wie hoch ist die Lernkurve eines Mitarbeiters?" – einfach deshalb, weil Lernen immer ein Thema für IT-Fachleute ist. Außerdem ist uns die emotionale

Klaus Eberhardt
Nach dem Studium der Informatik war Klaus Eberhardt über zehn Jahre Mitarbeiter bei dem Softwarehaus sd&m – als Entwickler, Projektleiter und zuletzt Mitglied der Geschäftsleitung. 1996 gründete er zusammen mit Mark Goerke das Software- und IT-Beratungshaus iteratec, das heute an sechs Standorten 180 festangestellte Mitarbeiter beschäftigt. Als früher Protagonist der iterativen Vorgehensweise bewegt sich iteratec inzwischen sowohl methodisch wie auch technisch in einer großen Bandbreite und berät Kunden in unterschiedlichsten Branchen. Mit dem Werkzeug iteraplan hat das Unternehmen im Jahr 2008 das erste Open-Source-Werkzeug für Enterprise Architecture Management (EAM) auf den Markt gebracht.

Intelligenz unseres Teams wichtig, denn die spüren unsere Kunden genauso wie unsere Fähigkeiten im IT-Engineering und unsere Leidenschaft für Projekte.

Wer sich bei iteratec bewerben will, kann seine Mail direkt an Sie richten – warum?
Das leitet sich aus meiner Antwort auf die vorhergehende Frage ab. Kompetenzdichte bekommen wir allein über exzellente Mitarbeiter. Das erreichen wir nur, wenn wir signalisieren: „Du bist für uns das Wichtigste". Unsere Mitarbeiter sind unser Kapital. Das sagen wir auch den Führungskräften – denn hätten wir kein Team, bräuchten wir auch keine Führungskraft. Die Anziehungskraft von iteratec kommt über die Wertschätzung, dass jeder das Gefühl hat, „ich bin etwas Besonderes und trage meinen Teil zum Unternehmenserfolg bei". Wir haben insgesamt sehr wenige Führungsebenen. Führen heißt bei uns in erster Linie dienen, weshalb wir das Organigramm auch anders aufzeichnen als sonst üblich. Bei uns sind die Mitarbeiter oben und die Geschäftsleitung unten.

Für uns ist das eine Frage der Unternehmenskultur. Das beginnt bereits beim Bewerbungsprozess – und deshalb lese ich jede Bewerbung. Als Dienstleister entlasten wir unsere Kunden, aber auch intern ist das unser Motto. Was kann ich tun, um meinen Kollegen zu helfen? Das ist eine Grundhaltung, die ich generell anwenden kann, auch bei Bewerbungen. Indem ich mich als Ansprechperson zur Verfügung stelle und die größtmögliche Transparenz über den Bewerbungsprozess schaffe, entlaste ich auch hier. Unsere Kandidaten sollen in der Bewerbungsphase alles über iteratec, das Team und nach Möglichkeit über ihre zukünftigen Aufgaben erfahren, um die für sie bestmögliche Entscheidung treffen zu können.

Was muss ein Arbeitgeber Fachkräften heute bieten, um sich vom Wettbewerb positiv zu unterscheiden?
Wichtig sind Kultur, Selbstbestimmtheit und Transparenz. Die Leute wollen wissen, in welchem Umfeld sie sich bewegen. Wie ist der Kontext? Warum bin ich wichtig für die Firma? Das daraus resultierende Gefühl „auf mich kommt es an" muss im Vordergrund stehen. Das schaffe ich durch Offenheit, Zugang zu Informationen und Einbindung in Entscheidungen. Es gibt nichts Wichtigeres als Feedback.

Es wird viel von Mitarbeitermotivation geredet und geschrieben, ganze Bücherwände können Sie damit füllen. Ich halte das in großen Teilen für Blödsinn. Sie müssen die Menschen gar nicht motivieren – man muss verhindern, dass sie demotiviert werden. Das ist der Job unserer Führungskräfte. Wir nennen das „dienende Führung". Im Ergebnis führt das zu einer hohen Selbstbestimmtheit der Mitarbeiter, die daraus resultierende Einsatzfreude zu hoher Qualität und zufriedenen Kunden. Davon profitieren dann alle.

Wie sehen Sie die Rolle der IT für die Wirtschaft in Deutschland insgesamt – heute und in Zukunft?
Wie an der Frage nach dem Fachkräftemangel schon dargelegt, wird aus meiner Sicht die Bedeutung der IT stark unterschätzt. Wir sind eine Exportnation und verteilen mit den Produkten immer mehr Ergebnisse unseres IT-Engineerings auf der ganzen Welt. Damit spielt die IT für den Wirtschaftsstandort Deutschland eine immer größere Rolle, die sich aber weder im öffentlichen Bewusstsein noch in den Führungsetagen unserer Unternehmen so wiederfindet. In der Presse wird gerne beklagt, dass Deutschland, abgesehen von SAP, über kein IT-Unternehmen mit Weltrang verfügt. Durch den steigenden IT-Anteil an den Pro-

dukten, erneut sei auf das Beispiel Auto hingewiesen, werden aber immer mehr Firmen zu IT-Unternehmen, ohne dass das richtig wahrgenommen wird. Auch nicht in den Vorstandsetagen der Unternehmen, was man an dem geringen Anteil an IT-Vorständen erkennen kann.

IT leistet viel, es gibt kaum noch Produkte oder Dienstleistungen, die ohne IT hergestellt oder benutzt werden können. IT ist aber auch komplex und die Komplexität steigt weiter. Mit den üblichen Managementverfahren kann dieser Komplexität schon heute nicht mehr begegnet werden. Nicht ohne Grund setzen sich iterative beziehungsweise agile Verfahren immer mehr durch.

Genau an dieser Stelle wird ein anderes Problem deutlich, das unsere Wirtschaft insgesamt hat. Management erwartet in Entscheidungsvorlagen verdichtete Informationen. Eine getroffene Entscheidung soll umgesetzt werden, es wird nur noch eine Vollzugsmeldung erwartet. Das ist natürlich überspitzt, aber im Kern geht es um die Frage, ob Führung in Zukunft so noch funktioniert, ob Jahrespläne und -budgets noch zeitgemäß sind oder ob die immer größere Komplexität weiterhin durch zentrale Entscheidungen beherrscht werden kann. Vielleicht auch ein Grund für die starke Unterrepräsentanz der IT in den Vorstandsetagen: Das Thema ist einfach zu komplex.

passieren, was aber einen Kulturwandel nötig macht. Man darf natürlich die Lage in der IT nicht auf die ganze Gesellschaft übertragen, aber tendenziell stehen Sie in allen Bereichen vor ähnlichen Herausforderungen. Sich zurückziehen und nicht mehr inhaltlich arbeiten, geht heute einfach nicht mehr. Wir müssen am Ball bleiben, egal in welchem Alter. Das hat natürlich viel mit Qualifikation, aber auch mit Qualifizierung zu tun. Wir selbst haben unseren Altersschnitt auch erhöht und der älteste Mitarbeiter, den ich bislang eingestellt habe, war fast 60 Jahre alt.

Bei Frauen ist die Lage auch nicht einfacher. Einmal haben wir in der IT grundsätzlich viel zu wenige Frauen – ein Anteil von nur circa 15 Prozent ist schon ein echtes Problem. Einerseits sind wir damit in der IT nicht so stark von der Frage betroffen, wie man die Erwerbstätigkeit von jungen Müttern organisiert. Andererseits sind Frauen für das Klima in IT-Projekten einfach extrem wichtig. Gemischte Teams arbeiten nachweislich besser zusammen und erzielen eine höhere Qualität. Ein wichtiger Schlüssel, um mehr Frauen im Arbeitsleben zu haben, ist sicher eine gute und flächendeckende Kinderbetreuung. Da ist der Staat gefragt. Homeoffice kommt uns da zwar entgegen, kann aber kein Ersatz für bessere Kinderbetreuung sein. Wer selbst Kinder hat, weiß, dass es gerade mit kleinen Kindern sehr schwer sein kann, effektiv von zu Hause

Können wir es uns als Gesellschaft noch leisten, ältere Arbeitnehmer und qualifizierte Frauen zu marginalisieren?
Nein, das können wir auf keinen Fall. Ich würde die Frage gerne getrennt beantworten und mich dabei weitgehend auf die IT-Branche beschränken. Zunächst die Älteren. Aufgrund der Komplexität in der IT arbeiten wir zunehmend agil und in iterativen Schritten. Durch Vorgehensweisen, wie sie zum Beispiel Scrum festlegt, werden reine Managementaufgaben dabei immer weniger wichtig. Bisher war es aber üblich, mit steigendem Alter zunehmend mehr Führungs- und Managementaufgaben zu übernehmen. Das funktioniert nicht mehr. Was mache ich jetzt mit Kollegen, die früher einmal tolle Entwickler waren, heute jedoch den Anschluss an die Entwicklung verpasst haben? Das darf zukünftig nicht mehr

aus zu arbeiten. Entscheidend ist auch die Frage nach der Weiterbildung, damit Frauen nicht den Anschluss verlieren, weil sie den Kontakt zu aktuellen Entwicklungen verlieren. Die IT leidet unter diesem Problem besonders, weil die Veränderungsgeschwindigkeit bei uns so hoch ist. Es gibt für diese Herausforderungen kein Patentrezept – da muss jedes Unternehmen selbst Lösungen finden, die zu ihm passen. Das Hauptproblem ist aber nach wie vor das schlechte Image der Informatik bei den Schülerinnen. Hier müssen wir an der Qualität des Informatikunterrichts ansetzen, aber auch das Berufsbild des Informatikers gerade rücken.

Herr Eberhardt, ich bedanke mich für die interessanten Antworten.
Sehr gerne, Danke für die guten Fragen.

www.wirtschaftsinformatik-management.de ■ Springer Gabler Executive Information

Wirtschaftsinformatik & Management

5 . 2012 ■ **INTERVIEW** „Die optimale E-Commerce-Strategie gibt es nicht" ■ **TECHNOLOGIE** In-Memory, PU und große Datenmengen ■ Sonderstrecke Security ■ **STRATEGIE** Social Games ■ Selbstbewertung s Reifegrads des IT-Einsatzes in KMU ■ **MANAGEMENT** IT-Projektsteuerung ■ Europäischer Datenschutz 2.0

IT-SICHERHEIT
Datenschutz & Co.

Sebastian Schreiber Geschäftsführer der SySS GmbH

„Wir bemerken eine zunehmende Professionalisierung der Angreifer"

IT-Sicherheit ist eines der wichtigsten Themen, mit denen sich Unternehmen aus allen Branchen auseinandersetzen müssen. Dass es sich um ein wichtiges Thema handelt, ist nahezu allen Verantwortlichen klar. Wo allerdings tatsächlich die Gefahren lauern und wie man diese vermeiden kann, wissen nur wenige. Wir sprachen mit Sebastian Schreiber von der SySS GmbH über Fehleinschätzungen, Datenschutz und den Risikofaktor Mensch.

Die Fragen stellte Peter Pagel

WuM: Sind sich Unternehmen der wichtigsten Sicherheitsrisiken ihrer IT bewusst?
Sebastian Schreiber: Leider wird das Risiko oft verzerrt wahrgenommen: Gefahren aus dem Cyberspace werden oft unterschätzt. Dies liegt daran, dass Gefahren an sich oft subjektiv und divergent wahrgenommen werden. Hat man beispielsweise innerhalb kürzester Zeit den zweiten Glasbruch am iPhone, so wird man Abhilfe schaffen, indem man sich eine Schutzhülle zulegt, da man erkannt hat, dass die Gefahr eines Glasbruchs gegeben ist. Im Internet treten aber Schäden auf, die nicht so deutlich zu erkennen sind wie ein Glasbruch – und ebenso wenig einfach, wie mit einer Schutzhülle, zu beheben sind: Wenn zum Beispiel vertrauliche Daten zum Wettbewerb fließen, bemerkt man dies nicht. Das bedeutet, der Schadensfall wird dem Geschädigten nicht bekannt – und daher wird auch keine Abhilfe geschaffen.

Nicht nur die Quantität, sondern auch die Qualität wird fortwährend falsch eingeschätzt. Manche Unternehmen verbessern sukzessive die Schutzwirkung der Unternehmens-Firewall und sichern dadurch die einzige IT-Komponente ab, die ohnehin schon sehr sicher ist. Vernachlässigt werden andere Einfallstore, wie zum Beispiel gefährliche PDF-Dateien, Web-Applikationen, unsichere Active-Directory-Installationen, um nur einige zu nennen.

Spannend sind hier die Ergebnisse unserer Penetrationstests – sie geben gleichzeitig Aufschluss über Quantität und Qualität der IT-Risiken. Oft wird dabei deutlich, dass die Gefahrenlage völlig anders ist, als zuvor angenommen.

Gibt es in der Regel eine Security-Strategie in deutschen Firmen oder wird eher unsystematisch vorgegangen?
Das hängt von der Branche, der Unternehmensgröße und den Sicherheitsanforderungen ab. Eine konservative Schweizer Bank hat ein völlig anderes Verhältnis zum Internet und der digitalen Welt als ein flippiges, junges Lifestyle-Unternehmen.

Welche Rolle spielt das Mitarbeiterverhalten für die IT-Sicherheit?
Mitarbeiter sind das Allerwichtigste im Unternehmen. Wenn Mitarbeiter Fehler machen, zu gutgläubig sind – oder gar Daten wissentlich oder unwissentlich an Dritte weitergeben –, entstehen erhebliche Schäden.

Besonders kritisch ist der Trend, auf Subunternehmer zu setzen. Mit dem scheinbaren Aufbau der Fertigungstiefe wird Bindung und Loyalität abgebaut. Ein aktuelles Beispiel bietet sich uns beim Bau des Berliner Großflughafens. Dort wurde ausgerechnet ein polizeibekannter Islamist in dem Hochsicherheitsbereich, der Zugangskontrolle, als Mitarbeiter eingesetzt.

Das Beispiel zeigt, dass mit dem Verhalten der Mitarbeiter nicht nur speziell die IT-Sicherheit, sondern die Sicherheit allgemein zusammenhängt. Mitarbeiter sind immer gefordert, mit den Daten und ihrem Wissen verantwortungsvoll umzugehen.

Was sind die aktuell größten Risiken?
In 2012 bemerken wir eine zunehmende Professionalisierung der Angreifer. Hacker-Tools werden verkauft und vermarktet; Angriffe werden „im Auftrag" durchgeführt – dabei hochbezahlt – und der Exploit-Handel blüht auf. Auf der Benutzerseite wird zudem immer mobiler gearbeitet. Auch im geschäftlichen Alltag werden Smartphones und Tablets eingesetzt. Dazu ist „Bring Your Own Device" (BYOD) im Trend – also die Möglichkeit für Mitarbeiter, das eigene Gerät zu beruflichen Zwecken zu nutzen. Es kommen dabei aber viele Lösungen zum Einsatz, die eigentlich noch nicht ausgefeilt genug sind. Das stellt definitiv aktuell ein Risiko dar.

Sicherheit und Datenschutz – ein Widerspruch?
Es existieren in der Tat einige wenige Bereiche, in denen die beiden Aufgabenfelder konfligieren. Zum Beispiel schränkt das Bundesdatenschutzgesetz (BDSG) Überwachungsmöglichkeiten und die Protokollierung stark ein. Überwachung ist aber nur ein sehr kleiner und auch überschätzter Teil der Sicherheit. Wenn man das Sicherheitsbedürfnis nicht instrumentalisiert, um andere Ziele zu erreichen, lassen sich Datenschutz und Sicherheit ausgezeichnet verbinden.

Welche Trends sehen Sie im Security-Bereich für die kommenden fünf Jahre?
Im IT-Security-Bereich gibt es wahrlich Trends und Moden. Dies beginnt bei Anschauungen, die sich häufig ändern, und geht über wechselnd favorisierte IT-Sicherheitsprodukte und Produktgattungen. Solche sich ändernden Moden lenken den Fokus jedoch ab vom Wesentlichen: Die IT-Security wächst über Jahrzehnte hinweg mit zweistelligen Wachstumsraten. Man könnte also IT-Security an sich als „Mega-Trend" bezeichnen. Hinweise auf eine Trendwende oder ein Abflachen des Wachstums sind für mich derzeit nicht erkennbar.

Während Überwachung leicht mit dem Datenschutz kollidiert, sind Sicherheitskontrollen unabhängig davon. Mit Freude stellen wir fest, dass die Dienstleistung des Penetrationstests immer mehr in regelmäßige Prozesse gegossen wird und in den kommenden fünf bis zehn Jahren zunehmend an Bedeutung gewinnen wird. Denn nur dadurch kann der „virtuelle Glasbruch" als ein solcher erkennbar werden und wirkungsvoll proaktiv davor geschützt werden.

„Die optimale E-Commerce-Strategie gibt es nicht"

e-Commerce ist eines der Hype-themen der letzten Jahre. neben reinen Online-Anbietern setzen immer häufiger Unternehmen, die außerhalb des Internets groß geworden sind, auf webbasierte Angebote. WuM-Chefredakteur Peter Pagel sprach mit Roland Fesenmayr, Vorstandsvorsitzender des Herstellers von E-Commerce-Lösungen OXID eSales, darüber, worauf es beim Thema „E-Commerce" ankommt, was häufig falsch gemacht wird und wo die Trends für die kommenden Jahre liegen.

Text Peter Pagel ▪ Fotos Stefan Wildhirt

WuM: Welche Chancen bietet E-Commerce jenseits des Hypes?
Roland Fesenmayr: Pauschal kann man das natürlich nicht sagen. Grundsätzlich ist die ganze Handelslandschaft einem enormen Wandlungsprozess unterworfen. Der Einzelhandel vor Ort verliert an Bedeutung und das Online-Geschäft legt zu. Während es 2011 bereits etwa acht Prozent des Gesamtvolumens waren, gehen Schätzungen von bis zu 50 Prozent in den kommenden Jahren aus. Wenn man sich im Distanzhandel den klassischen Versandhandel ansieht, dann sind sich die Experten ziemlich einig, dass dieses herkömmliche Kataloggeschäft sozusagen bedeutungslos wird. Es wird zu nahezu 100 Prozent durch den Online-Handel ersetzt werden. Aktuell stehen wir im Versandhandel bereits bei einem Online-Anteil von 60 bis 70 Prozent.

> » *E-Commerce bietet für sehr viele Unternehmen riesige Chancen, weil auf diesem Wege zusätzliche Umsätze generiert werden.* «

Ein weiteres Phänomen ist, dass sich die Wertschöpfungskette im Handel massiv wandelt. Das heißt, dass die Rolle des Handels sogar insgesamt in Frage gestellt wird. Momentan gibt es den Trend, dass sehr viele Markenhersteller direkt in das Endkundengeschäft einsteigen. Das führt dazu, dass die Rolle des Handels neu definiert werden muss. Was ist der Mehrwert des stationären Handels? Was ist der Mehrwert des Distanzhandels?

E-Commerce bietet für sehr viele Unternehmen riesige Chancen, weil auf diesem Wege zusätzliche Umsätze generiert werden können. Zudem kann E-Commerce einen enormen Beitrag zur Kostensenkung leisten. Für viele Unternehmen ist E-Commerce aber auch ein Pflichtbestandteil ihrer Vermarktungsstrategie, weil sie sonst schlicht Marktanteile verlieren würden. Für manche etablierten Geschäftsmodelle ist es sicherlich auch eine Bedrohung – in diesen Fällen muss man sich sehr ehrlich fragen, ob dieses Modell in Zukunft überhaupt noch eine Existenzberechtigung hat. Ein gutes Beispiel dafür sind die Videotheken. Das ist ganz klar ein auslaufendes Geschäftsmodell, da kann man sich jetzt anstrengen wie man möchte, gegen den Download von Filmen kommt man nicht an. In vielen anderen Bereichen sieht es ähnlich aus.

Die Videothek ist ein gutes Beispiel, weil hier der Vorteil ja tatsächlich in der Bequemlichkeit liegt, nicht so sehr im Preis. Ist das für Sie der entscheidende Erfolgsfaktor beim E-Commerce oder gibt es wichtigere?
Es gibt wichtigere. Der Preis ist gerade in Deutschland ein sehr wichtiger Aspekt des Online-Kaufs. Bereits bei einem Preisvorteil von nur fünf Prozent kaufen 25 Prozent der Kunden lieber online – bei acht Prozent Ersparnis sind es bereits 60 Prozent der Kunden die dann online kaufen. Aber es gibt einige weitere Faktoren, die immer mehr an Bedeutung gewinnen. Im europäischen Ausland spielt der Preis bereits heute eine eher untergeordnete Rolle. Die hohe Preissensitivität ist also ein deutsches Phänomen, das aber auch hierzulande im Rückzug begriffen ist. Wichtiger werden: Bequemlichkeit, Auswahl, Verfügbarkeit der Waren, die Beratungsqualität, die online besser wahrgenommen wird als im stationären Handel – schon deshalb, weil ich online jederzeit auf umfassende Herstellerinformationen und Informationen aus Drittquellen, wie Testberichte, zugreifen

Roland Fesenmayr

ist Vorstandsvorsitzender der 2003 gegründeten OXID eSales AG. In seiner Position verantwortet er das Strategie- und Business-Development des Freiburger Unternehmens. Fesenmayr verfügt über mehr als 15 Jahre Erfahrung im Online-Handel. 1995 gründete er die Virtual Identity AG. Darüber hinaus ist er als Lehrbeauftragter an den Universitäten Furtwangen und Freiburg tätig. Desweiteren nimmt er Aufgaben als Vorstand der bw:con wahr. Er ist Beirat an der Hochschule für Kunst, Design und Populäre Musik in Freiburg, sowie Mitglied des Kuratoriums der University Furtwangen.

kann. Ergänzt wird das durch die Bewertungen anderer Kunden, die aus Kundensicht den Vorteil hoher Glaubwürdigkeit haben.

Wie wichtig ist denn dieser Aspekt der Interaktion mit anderen Nutzern – das könnte man ja als eine Art Social-Media-Komponente beschreiben?
Es gab in den vergangenen Jahren zwei Trends, die hochgeschrieben wurden. Einmal Mobile-Commerce, dem in den letzten zehn Jahren jedes Jahr der Durchbruch prophezeit wurde (lacht) – 2011/2012 hat es jetzt wohl tatsächlich diesen Durchbruch gegeben. Das zweite Thema ist der sogenannte Social-Commerce, lso der Verschmelzung von E-Commerce mit Social Media. In diesem Bereich hat nach viel Anfangseuphorie eine gewisse Ernüchterung Einzug gehalten. Man stellt zum einen fest, dass die Konsumenten die Meinung anderer Konsumenten als extrem vertrauenswürdig einstufen und diese im Entscheidungsprozess für sehr wichtig halten. Andererseits ist die Bereitschaft, in Sozialen Netzwerken tatsächlich Transaktionen zu tätigen, sehr gering. Das führt dazu, dass Social Media aus E-Commerce-Lösungen nicht mehr wegzudenken sind. Heruntergebrochen auf nackte Zahlen spielen diese Plattformen als Verkaufsorte jedoch noch eine sehr geringe Rolle.

Das ist natürlich auch ein sehr spezieller Fall, dass ich tatsächlich etwas auf Facebook kaufe. Viel häufiger kommt es doch vor, dass es zum Beispiel in einem Online-Shop eine Kommentarfunktion gibt.
Ja, das ist natürlich sehr wichtig. Deshalb müssen Sie die intensive Interaktion mit den Kunden auch in die Planung einer E-Commerce-Lösung einbeziehen. Es ist ja nicht damit getan, Kommentare zu ermöglichen; um das Potenzial aus diesem Dialog voll auszuschöpfen, müssen Sie E-Commerce tatsächlich im Unternehmen leben. Es muss also mehr als eine Person im Unternehmen geben, die sich regelmäßig darum kümmert. Oft stellt sich die Frage, muss ich das selbst machen oder kann ich E-Commerce auch outsourcen? Die Antwort lautet in den allermeisten Fällen: nein. Die wesentlichen E-Commerce-Prozesse müssen spätestens nach den ersten erfolgreichen Gehversuchen als Kernkompetenz der handelnden Unternehmen abteilungsübergreifend installiert werden.

Neben den vielen Vorteilen gibt es doch sicherlich auch Dinge, die online nicht so gut funktionieren wie offline – etwa das Anfassen, Anprobieren und gleich mitnehmen?
Ja, daraus resultiert im Modebereich beim Online-Handel auch das Thema der extrem hohen Retourenquoten. Der Kunde bestellt fünf Paar Schuhe und sucht sich letztlich eines aus. Es gibt sicherlich Produkte – etwa Autos – die will man vor dem Kauf ausprobieren. Aber für die meisten Produkte funktioniert der Online-Handel vergleichbar gut wie der stationäre. Das gilt auf jeden Fall für die stetig wachsende Gruppe der online-affinen Konsumenten. Man darf deshalb den Mehrwert, die Dinge anfassen zu können, im stationären Handel nicht überschätzen. Ein klarer USP (Unique Selling Proposition) des stationären Handels ist hingegen die sofortige Verfügbarkeit. Aber auch da muss man nur einmal auf die aktuellen Pläne von Amazon schauen. Mit „same-day delivery" schrumpft auch dieser Vorteil. Und bereits heute ist es meist möglich, online bestellte

Waren am nächsten Tag zu bekommen. Man kann auch nicht sagen, dass bestimmte Produktgruppen eher online-tauglich sind – also etwa Luxusgüter oder Billigware. Beides wird mit Erfolg online verkauft. Ein Patentrezept gibt es nicht. Jedes Unternehmen muss deshalb seine eigene Strategie finden. In den allermeisten Fällen wird es auch nicht möglich sein, die Strategie auf der grünen Wiese zu definieren. Jeder muss tatsächlich Erfahrungen sammeln und sein Angebot kontinuierlich justieren. Es wird nicht funktionieren, dass ich mir von einer Unternehmensberatung sagen lasse, ob dieser Vertriebsweg exakt in dieser Form für mich zum Erfolg führt oder nicht. Allerdings gibt es auch keinen anderen Kanal, der sich für so einen evolutionären Ansatz besser eignet, als das Internet: Weil ich sehr viel messen und neue Varianten im Vergleich zum stationären Bereich relativ kostengünstig umsetzen kann.

Das bedeutet aber auch, dass ich diese Vorgehensweise von Anfang an berücksichtigen muss?
Sie brauchen auf jeden Fall eine Strategie, und viel zu wenige Unternehmen gehen hier tatsächlich strategisch vor. Aber man muss sich darauf einstellen, dass diese Strategie dann lebt und kontinuierlich weiterentwickelt werden muss. Aber was viele verwechseln: Strategie ist nicht langsam.

den Systeme, denken Sie beispielsweise an das ERP-System oder Versandlogistik, eingebunden werden. Zudem bewegt sich dieser Markt unglaublich schnell, was dazu führt, dass erfolgreiche Geschäftsmodelle von gestern, morgen schon nicht mehr funktionieren. Man braucht deshalb Partner, die mit diesem Innovationsdruck Schritt halten können. Dass wir das können, haben wir in den vergangenen Jahren immer wieder bewiesen. Wir haben die passende Software, das Serviceangebot und eben das Know-how, das wir mitbringen.

Können Sie Beispiele für neu aufgetretene Geschäftsmodelle nennen?
Ein Beispiel ist das Thema Group-Shopping, wo sich Käufer zusammentun, um einen günstigeren Preis zu erzielen. Ein anderer Bereich ist das Customizing, bei dem Produkte nach Bedarf, On-Demand, produziert werden. Das ist ein Trend, der vor keiner Produktkategorie mehr halt macht. Bekannt sind individuelle T-Shirts – ein Geschäft, mit dem Spreadshirt groß geworden ist. Sie finden Ähnliches mittlerweile auch im Möbelbereich und an vielen anderen Stellen. Shopping-Clubs sind ein weiterer Trend – da haben einige Unternehmen bereits signifikante Marktanteile gewonnen. Das Prinzip dahinter ist, dass eine Exklusivität geboten oder zumindest suggeriert wird. Typischer-

Wie sehen Sie Ihre Aufgabe als Unternehmen in diesem Prozess?
Als E-Commerce-Hersteller sind wir Katalysator in diesem Markt, indem wir E-Commerce-Lösungen schaffen. Wir sind in der schönen Position, dass wir etwas anbieten, was dem Kunden Geld bringt und nicht kostet (lacht), weil wir eben Umsatzsteigerungen und Kostensenkungen möglich machen. Wahrscheinlich war es noch nie so einfach, in den Online-Handel einzusteigen wie 2012, aber gleichzeitig war es auch noch nie so schwer, dort Erfolg zu haben. Das liegt daran, dass dieses Thema grundsätzlich sehr komplex ist – man braucht deshalb kundige Hilfestellung bei der Einführung und funktionierende integrierte Lösungen. Schließlich muss jede E-Commerce-Lösung in die bestehen-

weise wird dann nicht mehr topaktuelle Ware, beispielsweise aus alten Kollektionen, außerhalb der etablierten Vertriebskanäle den Kunden angeboten.

Wäre das eine Parallele zu den Outlet-Stores auf der grünen Wiese?
Genau. Hier ist übrigens auch der Trend zu sehen, dass dieses Geschäft von den Marken selbst betrieben wird, weil die Markenartikler gemerkt haben, dass sie an dieser Stelle Geld verdienen und vor allem Kunden binden können. Für Händler kann das Shopping-Club-Modell sehr interessant sein, weil sich das Problem der Lagerhaltung nicht stellt – erst bei abgegebener Order wird eine entsprechende Herstellerbestellung ausgelöst.

Ein Thema, das gerade aus den USA zu uns kommt, sind Shopping-Partys. Das muss man sich vorstellen wie eine virtuelle Tupper-Party. Mit entsprechenden Provisionierungsmodellen werden dann vornehmlich Kundinnen zu Verkäuferinnen gemacht. In Live-Online-Verkaufsshows werden dann die Produkte an die Frau gebracht. Das hat auch einen gewissen Eventcharakter.

In allen diesen Bereichen gibt es meist zwei oder drei Player, die sich am Markt durchsetzen. Das Spannendste ist aber, dass die Prinzipien dieser neuen Ange-

Ein Grund, in den E-Commerce einzusteigen, kann sein, dass man neue Kundengruppen mit hoher Online-Affinität als Neukunden gewinnen will oder man verschafft sich über diesen Kanal Zugang zu Kunden, die man bislang nicht erreichen konnte – Stichwort „Internationalisierung". Da kann ich mit relativ geringer Investition Märkte erschließen, was im Filial- oder Kataloggeschäft deutlich schwieriger wäre.

Ein zweiter Grund kann darin bestehen, Verluste an Marktanteilen zu kompensieren – etwa im stationären oder Versand-

aber auch Kosten etwa in der Kundengewinnung. Das heißt nicht, das E-Commerce nichts kostet, auch nicht, das E-Commerce immer günstiger sein muss als ein gut funktionierendes stationäres Geschäft, aber wenn die Strategie stimmt und E-Commerce richtig eingesetzt wird, wird Kostensenkung immer eine Folge sein.

Viertens kann E-Commerce dazu dienen, im Markt seine Innovationskraft unter Beweis zu stellen. Vor diesem Hintergrund kann es sinnvoll sein, E-Commerce anzubieten, auch wenn es sich

bote in die etablierten Online-Handelsformen einfließen. Das führt unter anderem dazu, dass man mit Online-Angeboten, die nicht mehr sind als die Übertragung eines Printkataloges ins Internet, immer stärker hinter den Erwartungen der Kunden zurückfällt. E-Commerce wird mehr und mehr zum Erlebnis. Und mit jedem guten Angebot steigt der Erwartungsdruck der Konsumenten.

Was müssen Unternehmen heute beachten, wenn sie eine E-Commerce-Strategie entwickeln wollen? Was sind die fünf wichtigsten Aspekte?

handel. Beim Versandhandel gibt es nach wie vor das Phänomen, dass E-Commerce häufig ein ungeliebtes Kind ist, das allerdings mittlerweile dummerweise 60 bis 70 Prozent Marktanteil hat (lacht). Am liebsten würden viele klassische Kataloganbieter die Uhr immer noch lieber wieder zurückdrehen. Sie lieben E-Commerce nicht, sondern fühlen sich vielmehr genötigt, E-Commerce als Verkaufskanal zu bedienen.

Ein dritter Punkt ist sicherlich das Thema Kosten. E-Commerce kann ein sehr wichtiges Instrument sein, um Kosten zu senken – einerseits Prozesskosten

wirtschaftlich nicht sofort rechnet. Schon deshalb, weil viele Kunden heute enttäuscht sind, wenn sie auf der Website eines Markenherstellers nicht direkt bestellen können sondern nur eine Händlerliste sehen.

Der fünfte Punkt ist die Servicequalität. Es gibt vor allem aufgrund der hohen Prozess- und Systemintegrationstiefe im E-Commerce ganz andere Möglichkeiten, über personalisierte Services und Mehrwertdienste mit den Kunden in Dialog zu treten. Eng damit verknüpft ist das Thema Marktforschung, also die Möglichkeit, den Kunden besser kennenzulernen. Das ist für Unternehmen sehr spannend. Welche Produkte möchte der Kunde? Welchen Preis ist er bereit, dafür zu zahlen? Das ist übrigens auch ein wichtiger Faktor beim Customizing, weil der Kunde sich dabei individuell sein Wunschprodukt zusammenstellt – das sind natürlich interessante Informationen für zukünftige Produktentwicklungen seitens der Firma.

Übergreifend kann man noch die Bedeutung des E-Commerce für die Vernetzung der unterschiedlichen Channels in Multi-Channel-Unternehmen hervorheben. Hier spielt E-Commerce eine zentrale, integrierende Rolle. Immer mehr Firmen betrachten diesen Kanal inzwischen als führend. Ganz wichtig ist heute, dass Unternehmen nicht ausschließlich die Rentabilität einzelner Kanäle isoliert betrachten, sondern das durch die nahtlose Integration und Vernetzung der Kanäle induzierte Ergebnis erkennen und auch messen. Die Summe ist hier mehr als die einzelnen Teile. Auch der Kunde erwartet heute, dass ein Unternehmen alle Möglichkeiten bietet, ihn zu bedienen. Wichtig ist, dass diese Erwartung erfüllt wird, nicht, über welchen Kanal der Kunde sich informiert, letztlich kauft oder ein Serviceangebot nutzt. Das Gesamtpaket muss stimmen. Retouren bei Online-Bestellungen stationär zurück gegeben, Produkte online in der Filiale reservieren, bestellte Produkte vor Ort abholen, im stationären Handel den Online-Geschenkeservice nutzen – solche Möglichkeiten werden zunehmend erwartet. Der typische Kunde springt heute ständig zwischen den Kanälen – informiert sich mal in Print, mal auf der Website oder im Laden in der Innenstadt und dann wieder auf Social-Media-Plattformen über Produkte. Je mehr Kanäle ich hier anbiete, desto größer

ist die Chance, dass ich den Kunden in diesem Prozess nicht verliere. Sehr wichtig ist es dabei, auf die besonderen Stärken der jeweiligen Kanäle einzugehen –, dass Sie bei Mobilangeboten den Vorteil der Lokalisierungsmöglichkeit nutzen oder etwa die Kamera, die zum Beispiel das Lesen von Barcode ermöglicht, oder Augmented-Reality-Angebote realisieren.

Wir haben jetzt viel über Marktentwicklung und Trends gesprochen und wenig über IT. Natürlich steckt hinter diesen komplexen Geschäftsmodellen immer auch eine extrem komplexe IT, die heute beherrscht werden kann, aber auch beherrscht werden muss. Das ist zurzeit noch der Punkt, an dem es den aktuellen oder künftigen Online-Händler am meisten drückt: die Übersetzung seines Geschäfts in eine saubere, flexible und wartbare IT-Landschaft.

Wie sehen Sie Deutschland als IT-Standort? Was ist gut und wo gibt es hierzulande noch Verbesserungsbedarf beziehungsweise Defizite?
Wir haben hier auf jeden Fall recht verlässliche rechtliche Rahmenbedingungen. Einen großen Nachholbedarf haben wir im Bereich der Finanzierung – gerade von Startups, aber auch in der Wachstumsfinanzierung. Sehr problematisch ist auch der Bereich Fachkräfte. Da wäre es wichtig anzuerkennen, dass wir ein Einwanderungsland sind – worauf wir durchaus stolz sein könnten. Wir hätten die Möglichkeit, diese Integration viel aktiver zu gestalten, was wir meiner Wahrnehmung nach zurzeit nicht tun. Da lassen wir viele Chancen ungenutzt liegen.

Vielen Dank für das interessante Gespräch.
Ich bedanke mich.

www.wirtschaftsinformatik-management.de   ▪ Springer Gabler Executive Information

Wirtschaftsinformatik & Management

4 . 2012 ▪ **INTERVIEW** „Der Best-of-breed-Ansatz scheitert in der Praxis sehr oft" ▪ **TECHNOLOGIE** Energiewende?! ▪ Digitale Forensik - den Tätern auf der Spur ▪ **STRATEGIE** Daten vernichten: Warum es so schwierig ist ▪ Outsourcing-Komplexität beherrschen ▪ **MANAGEMENT** M&A-Wissen aktiv managen ▪ EAM - einfach und effektiv

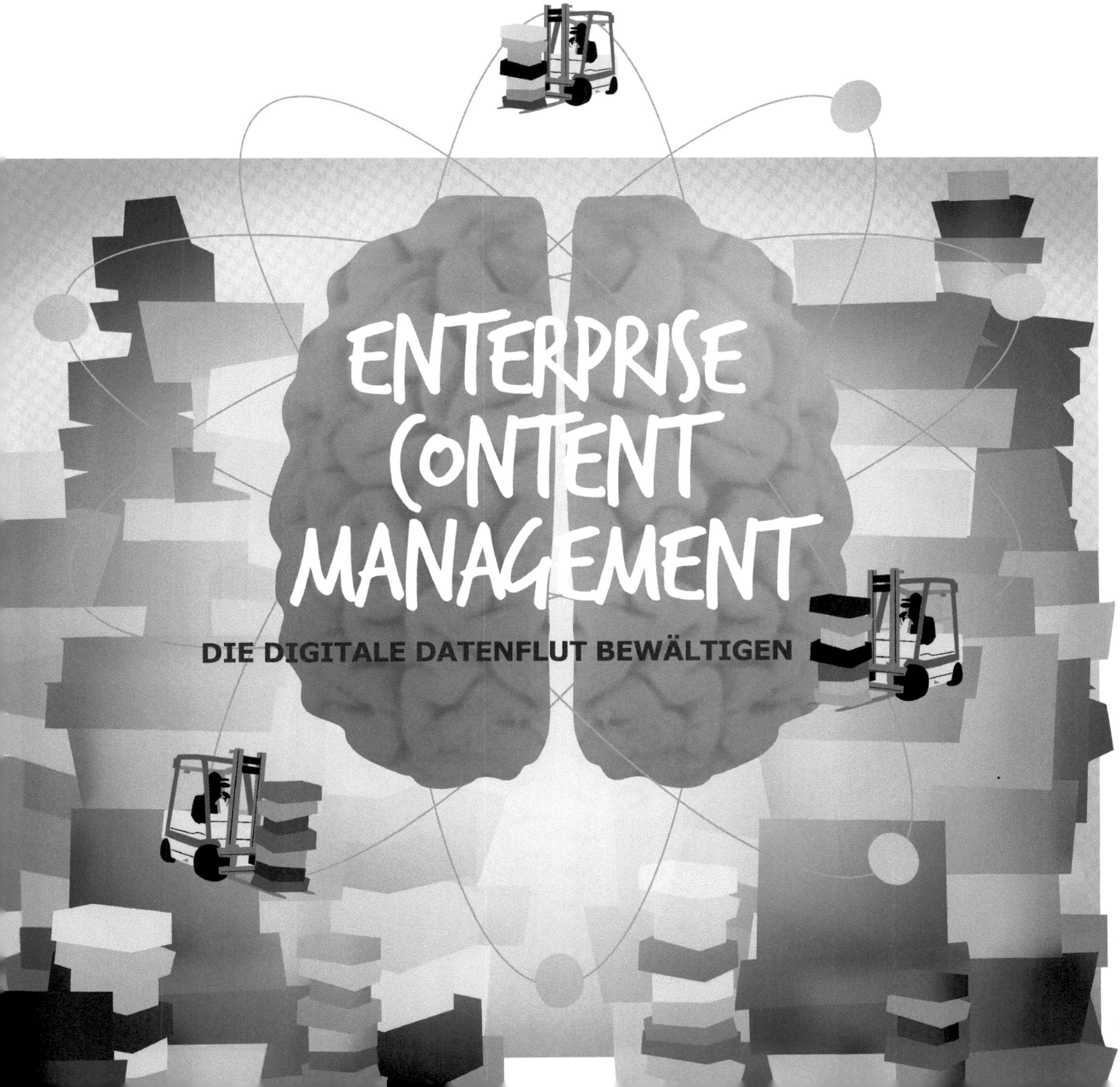

ENTERPRISE CONTENT MANAGEMENT

DIE DIGITALE DATENFLUT BEWÄLTIGEN

„Der Best-of-breed-Ansatz scheitert in der Praxis sehr oft"

Die Finanz Informatik (FI) mit Sitz in Frankfurt am Main ist der It-Dienstleister der Sparkassen-Finanzgruppe und einer der größten Banken-It-Dienstleister in europa. Sie beschäftigt inklusive ihrer Tochterunternehmen über 5 000 Mitarbeiterinnen und Mitarbeiter. Zu ihren Kunden gehören unter anderem 426 Sparkassen, acht Landesbanken, die DekaBank und zehn Landesbausparkassen. Das Angebot der FI umfasst das gesamte IT-Spektrum von der Entwicklung und Bereitstellung von IT-Anwendungen, Netzwerken und technischer Infrastruktur über den Rechenzentrumsbetrieb bis hin zu Beratung, Schulung und Support. Der Prozess der Vereinheitlichung und Zentralisierung der Sparkassen-IT auf Basis der Gesamtbanklösung OSPlus sowie die Einführung dieses IT-Systems bei mehreren Landesbanken gilt als eines der größten und komplexesten Vorhaben dieser Art in Deutschland und Europa. Peter Mertens und Peter Pagel sprachen mit dem Vorsitzenden der Geschäftsführung der Finanz Informatik, Fridolin Neumann, über das Ziel und den beschrittenen Weg.

Text: Peter Mertens und Peter Pagel ▪ *Fotos: Dirk Uebele*

WuM: Sie haben einen langen Weg bis zur jetzt erreichten Zentralisierung und Vereinheitlichung zurückgelegt. Andere Organisationen wie die Deutsche Bank mit der Integration der Postbank haben vergleichbare Aufgaben noch vor sich. Können wir miteinander Ihren Weg nochmals abschreiten?
Fridolin Neumann: Die Informationsverarbeitung von 426 Sparkassen und elf Sparkassen-IT-Dienstleistern wurde in den letzten mehr als zehn Jahren auf Basis der Gesamtbanklösung OSPlus vereinheitlicht. Im Zuge der Einführung dieser Lösung bei den deutschen Sparkassen wurden 130 Millionen Konten und rund 200 000 Arbeitsplätze der bankfachlich beschäftigten Sparkassenmitarbeiter umgestellt.

Ausgangspunkt dieser Entwicklung waren Mitte der 90er-Jahre mehr als zehn regionale Sparkassen-IT-Dienstleister. Ein wichtiger Anlass war nicht zuletzt auch der Jahrtausendwechsel. Es verlangte in der Summe viel Kapazität, um sich gegen das sogenannte Jahr-2000-Risiko in den damals noch verschiedenen IT-Lösungen zu wappnen. Uns allen wurde damals sehr klar vor Augen geführt, welche Vorteile ein gemeinsames System für die S-Finanzgruppe hätte. Verbunden mit dem ohnehin vorhandenen Erneuerungsbedarf haben sich Ende der 90er-Jahre dann mehrere regionale Sparkassen-IT-Dienstleister dafür entschieden, ein gemeinsames Projekt durchzuführen. Dieses Projekt haben wir „S-Buchen" genannt, da die Entwicklung eines neuen Buchungskerns im Vordergrund stand. Mit dem „S-Buchen"-Projekt haben wir die alten, spartenbezogenen Silos abgelöst und versucht, eine Plattform zu etablieren, die spartenunabhängig arbeitet. S-Buchen war dann die „Keimzelle" für weitere gemeinsame Entwicklungen und die IT-Gesamtbanklösung OSPlus.

Sehen Sie sich am Ende dieses Weges oder könnten Sie sich auch wieder gewisse Dezentralisierungsschritte vorstellen?
Wir sind noch nicht am Ende des Weges – ganz im Gegenteil: Es gibt innerhalb der Sparkassen-Finanzgruppe unserer Meinung nach noch viel Potenzial: So entfallen heute noch bei vielen Sparkassen rund 40 bis 50 Prozent der IT-Ausgaben nicht auf die FI. Eine Dezentralisierung dieser Art ist unseres Erachtens nicht sinnvoll. Auch bei den Verbundunternehmen wie Landesbanken, Landesbausparkassen und Versicherungen sehen wir noch viel Potenzial für uns. Die Entscheidung darüber, wer welche IT-Leistungen erbringt, treffen allerdings letztendlich unsere Kunden.

» *Die Entscheidung darüber, wer welche IT-Leistungen erbringt, treffen letztendlich unsere Kunden* «

Fridolin Neumann

Seit 1. Juli 1995 arbeitet der Diplom-Mathematiker und Bankfachwirt für die Finanz Informatik sowie deren Vorgängerunternehmen. Nach Leitungsfunktionen in der Informationsverarbeitung einer deutschen Großbank begann Neumann als Vorsitzender der Geschäftsführung der BWS (Buchungszentrale der westfälisch-lippischen Sparkassen). Nach der Fusion mit dem IT-Dienstleister der Sparkassen in Hessen wurde er zum 1.1.1999 zum Vorsitzenden der Geschäftsführung der Informatik Kooperation berufen. 2001 folgte nach der Fusion der Informatik Kooperation mit zwei weiteren IT-Unternehmen die Berufung zum Vorsitzenden der Geschäftsführung der Sparkassen Informatik, bevor Neumann nach der Fusion der beiden letzten IT-Dienstleister der deutschen Sparkassen im Jahr 2008 zum Vorsitzenden der Geschäftsführung der Finanz Informatik, des zentralen IT-Unternehmens der Sparkassen-Finanzgruppe, berufen wurde. Neumann ist verheiratet und Vater von vier Kindern.

Es gibt viele Fehlschläge bei ähnlichen Projekten. Man denke nur an das FISCUS-Vorhaben zur Vereinheitlichung der IT-Systeme der Finanzverwaltung über alle Bundesländer hinweg. Es war nach einer Projektlaufzeit von 13 Jahren gescheitert [1]. Oder an die Fusion der Rechenzentralen der Volksbanken. Was hat man bei der FI besonders geschickt gemacht?

Unser Erfolgsrezept war, dass wir ein neues homogenes Kernsystem – OSPlus – entwickelt haben – und dies in enger Abstimmung mit vielen Partnern der Sparkassen-Organisation. Die erste Anwendung war die Buchung und damit ein quasi ideologiefreies Terrain. So blieben kräftezehrende Grundsatzdiskussionen aus. Auf dieses Fundament haben wir Anwendungssysteme gesetzt, die die Sparkassen schon hatten und von ihnen als unabdingbar erklärt wurden, zum Beispiel die Vertriebsunterstützung. (Das „Plus" ist das Symbol für diese Erweiterungen.) Anschließend haben wir an vielen Wochenenden „Serien" mit im Durchschnitt zunächst fünf und später bis zu 20 Sparkassen auf OSPlus umgestellt, und zwar beginnend mit der Region Baden. So konnten wir den nachfolgenden Sparkassen stets berichten, dass die davorliegenden Umstellungsschritte erfolgreich verlaufen waren. Die Alternative wäre eine sogenannte „Best-of-breed-Lösung" gewesen, das heißt, wir hätten von allen Partnern die besten Lösungselemente eingesammelt und diese integriert. Ein solcher Ansatz scheitert in der Praxis sehr oft. Fehlerfrei sind auch wir nicht, aber aufgrund der schrittweisen Vorgehensweise haben wir unser Know-how kontinuierlich zum Nutzen unserer Kunden erweitern können.

Ihre Organisation hat OSPlus individuell entwickelt, also wohl nicht auf Standard-Software zurückgegriffen. Welche Rolle spielen externe Partner?

Grundsätzlich stellt sich die Frage, wie Sie „Standard-Software" definieren. Im genossenschaftlichen Sektor gibt es noch zwei IT-Lösungen, viele Privatbanken haben Eigenentwicklungen im Einsatz. OSPlus ist eine Eigenentwicklung, hat sich aber mit den Jahren unserer Auffassung nach zu einer Standard-Software im

> » *Wir sprechen in der Finanz Informatik sehr bewusst von Anwendungsbereitstellung, nicht Anwendungsentwicklung.* «

Retailbanking entwickelt. Mehrere Bausteine haben wir aber auch fremdbezogen und in unsere IT-Lösung eingebaut oder über Schnittstellen angebunden. Als Entwickler sollten Sie sich immer fragen: Müssen wir das Rad neu erfinden? Haben Sie das „not invented here"-Syndrom? Wir sprechen in der Finanz Informatik sehr bewusst von „Anwendungsbereitstellung", nicht „Anwendungsentwicklung". Man kann das mit dem modernen

Automobilbau vergleichen: Teile wie die Lichtmaschine sind ja in bester Qualität am Markt vorhanden, die muss man nicht neu entwickeln. Das unterscheidet einen auch nicht vom Wettbewerb. Wir sagen deshalb ganz klar: Komponenten, Module, Teile, die in die Architektur, ins Gesamtkonzept passen, übernehmen wir sofern sinnvoll gerne. Wenn wir kaufen, versuchen wir natürlich mit dem gesamten Einfluss, den wir haben, für die Gemeinschaft vernünftige Konditionen auszuhandeln. Andererseits ist das Kernbanksystem natürlich eine selbstentwickelte Plattform. Diese bietet sozusagen den Rahmen, die Prozesskette, in die wir dann zusätzliche Module integrieren können. Eine Gesamtmarktlösung in dieser Form können Sie heute am Markt nicht kaufen. Und Sie werden mit zunehmender Prozessunterstützung immer mehr vor der Frage stehen, wie Sie einen einheitlichen Prozess erreichen.

Die Hamburger Sparkasse hat sich als einzige nicht angeschlossen. Was ist der Grund?
Die Haspa stand im fraglichen Zeitraum mitten in einem eigenen Umstellungsprojekt und hat sich letztendlich für eine Wettbewerbslösung entschieden. Wir stehen aber weiterhin bei mehreren IT-Themen in guter Geschäftsbeziehung zur Haspa und sind zuversichtlich, dass dieses auch in Zukunft so sein wird.

Zwecke, also für analytische Informationsverarbeitung, um Planungs- und Kontrollsysteme Ihrer Organisation zu versorgen oder auch der Politik zu helfen?
Grundsätzlich gilt: Die Daten „gehören" den Sparkassen, wir sind lediglich Auftragsdatenverarbeiter. Zudem beachten wir sehr streng die Datenschutzerfordernisse. Die neuen Anforderungen der Aufsichtsbehörden erfüllen wir zum Teil zentral durch Auswerten der Datenbestände, andere behandeln die Sparkassen in eigener Regie. Für Politikberatung stellen wir unsere Datenbanken nicht zur Verfügung, das wäre nicht durch unseren Auftrag gedeckt.

Betreiben Sie Data Mining im engeren Sinn, um das System überraschende Vermutungen entdecken zu lassen („Verdachtsmoment-Generatoren")?
Nein, bisher nicht.

Haben Sie einige Zahlen zu den quantifizierbaren Nutzeffekten?
Seit der Fusion dreier Vorgängerunternehmen der Finanz Informatik im Jahr 2001 haben die Sparkassen durch die zentrale Entwicklung und Pflege der Systeme 1,5 Milliarden Euro gespart, gerechnet seit der letzten Fusion im Jahr 2008 zur Finanz Informatik sind es rund 320 Millionen Euro. Früher stiegen die IT-Kosten pro Jahr um zehn bis 15 Prozent, trotz der degressiven

Müssen die angeschlossenen Sparkassen jeden Versionswechsel mitgehen oder können sie gelegentlich eine Version überspringen, also das sogenannte Leapfrogging betreiben?
Jede Sparkasse kann neue „Releases" beziehen und zunächst stilllegen. Das „Wiederaufspringen" ist bei der übernächsten Version möglich. Wir bieten das „Update" als Dienstleistung an. Diese „Kunst" entwickeln wir laufend weiter.

Durch die Zentralisierung und Vereinheitlichung entstehen sehr große Datenbestände. Nutzen Sie diese auch für nicht-operative

Entwicklung der Hardware-Preise. Seit der Zentralisierung registrieren wir eher in der Summe eine Kostensenkung im zweistelligen Bereich, und das trotz der wachsenden Zahl von Anwendungssystemen. Außerdem konnten wir unsere eigenen Planzahlen oft unterschreiten. Ein Grund sind die Preisvorteile, die uns als einem Großkunden beim Einkauf eingeräumt werden. Trotz allem sind die IT-Kosten in unserer Organisation nach wie vor ein großer Kostenblock. Wir sind daher gefordert, auch in Zukunft ein gutes Preis-Leistungs-Verhältnis für unsere Kunden zu realisieren.

Wie entstehen in Ihrer Organisation die innovativen Gedanken zur Weiterentwicklung? Eher durch Vorschläge aus der FI oder durch Sammeln von Anregungen aus den Sparkassen?

Innovationen sind wichtig und wir als IT-Unternehmen sind gefordert, unsere Kunden zu unterstützen. Grundsätzlich sind es aber unsere Kunden selbst, die darüber entscheiden, welche Anwendungen wir bereitstellen. Wir haben einen Anwendungsplanungsausschuss, in dem Vertreter der Sparkassen und Regionalverbände mitarbeiten. Darunter gibt es eine Reihe von Großprojekten. Ein Beispiel: Den Auslandszahlungsverkehr sollten wir neu entwickeln, das kostet zehn Millionen Euro. Dann präsentieren wir diese Vorschläge den Verantwortungsträgern in unseren Gremien, die einige auswählen und andere verwerfen. Es gibt durchaus Fälle, wo unsere Vorschläge abgelehnt werden, weil sie als zu teuer angesehen werden oder weil andere Themen für unsere Kunden eine höhere Priorität haben.

In der Öffentlichkeit erschienen Meldungen, wonach Ihr „Mammutprojekt" „das mit Abstand größte IT-Projekt Europas" sei. Mit welchen Kriterien haben Sie das ermittelt? Bisher galt unseres Wissens nach die elektronische Gesundheitskarte als das größte und komplexeste IT-Vorhaben, manche sagen sogar weltweit.

Wir selbst haben das „nur" auf den Banken-IT-Bereich, nicht auf die IT-Szene als Ganzes bezogen. Ein Banken-IT-Projekt, bei dem rund 130 Millionen Konten, 200 000 Mitarbeiterarbeitsplätze und 55 000 Selbstbedienungsgeräte umgestellt wurden, ist uns jedenfalls in Deutschland und Europa nicht bekannt. Mag sein, dass einige Journalisten das noch ein wenig größer dargestellt haben, als es ohnehin war – so sind Journalisten eben manchmal (lacht).

Wir sind da anders.

Im Übrigen sind derartige Vergleiche schwierig, da die Komplexität schwer zu quantifizieren ist. Bedenken Sie bitte, was da alles hineinspielt. Nimmt man allerdings die Zahl der Kunden als Maßstab, sind wir in Europa ganz eindeutig die größte Organisation im Bankenbereich. Dieses ergibt sich allein schon aus der Größe der deutschen Sparkassen-Finanzgruppe, die ja ihrerseits Marktführer innerhalb der größten Volkswirtschaft Europas ist.

Herr Neumann, wir bedanken uns für das interessante Gespräch.

Literatur

[1] Mertens, P. (2009), Schwierigkeiten mit IT-Projekten der öffentlichen Verwaltung, Informatik Spektrum 32:1, S. 42–49.

www.wirtschaftsinformatik-management.de　　　　■ Springer Gabler Executive Information

Wirtschaftsinformatik & Management

3 . 2012 ■ **INTERVIEW** „Der untere Mittelstand hat schon immer Outsourcing betrieben" ■ **TECHNOLOGIE** Mobile Device Management – rechtliche Fragen ■ Enterprise Social Networking ■ **STRATEGIE** Saubere Anwendungslandschaften: Aufräumen lohnt sich! ■ Rechtsfragen des Cloud-Computing ■ **MANAGEMENT** Prozesskonfiguration mit ökonomischem Augenmaß ■ Aufgaben und Erfolgsbeiträge des COO

IT und RECHT
Die brennendsten Fragen

„Der untere Mittelstand hat schon immer Outsourcing betrieben."

Kleine und mittelständische Unternehmen (KMU) sind das rückgrat der deutschen wirtschaft. Wie vielfältig und heterogen diese Firmen sind, wissen Anbieter, die sich auf diese Zielgruppe spezialisiert haben sehr genau. WuM sprach mit Peter Dewald, Geschäftsführer der Sage Software GmbH, über aktuelle Entwicklungen, wie etwa die Bedeutung von Cloud-Computing, Social Media oder E-Commerce für KMU sowie über die Zukunft der Software-Entwicklung Made in Germany.

Das Gespräch führte Peter Pagel ▪ *Fotos Stefan Wildhirt*

WuM: Wie unterscheiden sich die Bedürfnisse von KMU von denen der Großunternehmen?
Peter Dewald: Die Unterschiede sind schon sehr ausgeprägt. Wir machen ja Software ausschließlich für kleine und mittelständische Unternehmen (KMU) und haben auch nie etwas anderes gemacht. Grundsätzlich unterteilen wir den Markt in drei Segmente: Kleinunternehmen bis 20 Mitarbeiter, klein- und mittelständische Unternehmen mit bis zu 200 Mitarbeitern und den gehobenen Mittelstand mit bis zu 1 000 Mitarbeitern.

» *Ein wichtiger Unterschied zu Großunternehmen ist, dass es oft kein Budget für Neuanschaffungen gibt, es wird eher spontan entschieden.* «

Der deutsche Mittelständler im Familienbesitz mit 10 000 Angestellten, der weltweit tätig ist, ist von der Struktur und den Bedürfnissen schon eher ein Konzern und deshalb in der Regel nicht unser Geschäft.

Wo liegen also die Unterschiede? Zunächst muss man feststellen, dass Mittelständler in der Regel kein größeres IT-Know-how haben. Bis circa 100 Mitarbeiter haben Betriebe oft nicht einmal eine eigene IT-Abteilung. Deshalb hat der untere Mittelstand auch schon immer Outsourcing betrieben, ohne es natürlich so zu nennen. Ansprechpartner war dabei in den meisten Fällen der EDV-Fachhändler vor Ort. Der kennt sich aus und ist da, wenn man ihn braucht. In der Firma selbst gibt es dann allenfalls jemanden, der sich mit dem Thema nebenberuflich beschäftigt. Aus dieser Struktur leiten sich einige Dinge ab, – so sind etwa die Entscheidungsprozesse ganz anders als in großen Konzernen. Es wird sehr viel mehr im persönlichen Gespräch entschieden und auch häufiger aus dem Bauch heraus. Zwischenmenschliche Beziehungen spielen eine wichtige Rolle. Bei kleineren Firmen gelten diese Punkte in der Regel mehr als bei größeren.

In den größeren Firmen, ab circa 100 Angestellten, ist das entsprechende IT-Know-how dagegen auch im Haus vorhanden. Will man hier die Entscheidungsträger ansprechen, muss man auch eine unterschiedliche Form des Marketings und des Vertriebs machen, was viele Hersteller in dieser Form nicht wirklich verstehen.

Ein wichtiger Unterschied zu Großunternehmen ist, dass es oft kein Budget für Neuanschaffungen gibt, es wird eher spontan entschieden, dass man jetzt etwas Neues braucht. Wobei diese Neigung vor allem kleinere Unternehmen betrifft. Auch bezüglich der Software-Auswahl gibt es signifikante Unterschiede: Ein kleines Unternehmen lebt gut mit Software „von der Stange". Ein Betrieb mit 100 Mitarbeitern kann schon sehr umfassende Anpassungen brauchen. Großunternehmen haben hier wiederum völlig andere Bedürfnisse und viel komplexere Strukturen.

Als letzter Punkt, der immer wieder auftaucht und den viele unterschätzen: Englisch ist ein Thema. IT-Abteilungen haben ja, wie die meisten Spezialisten, ihren eigenen Jargon, der viele englische Wörter und die berüchtigten Drei-Buchstaben-Akronyme enthält. So spricht ein Mittelständler jedoch nicht. Wir sind deshalb sehr zurückhaltend mit diesen Abkürzungen. Wir verwenden ERP (Enterprise Resource Planning) – und auch dabei könnten viele vermutlich nicht genau sagen, was es heißt (lacht), – und CRM (Kundenmanagement). Aber Begriffe wie Business Process Management, Product Lifecycle Management oder Supply Chain

Peter Dewald
Seit dem 1. September 2000 ist Peter Dewald Geschäftsführer der Sage Software GmbH in Frankfurt am Main und leitet die Geschäfte von Sage in Deutschland, Österreich, der Schweiz und Polen. Vor seiner Tätigkeit bei Sage war er Geschäftsführer von Apple Computer Deutschland und verantwortlich für Zentraleuropa. Seine Karriere begann er bei Hewlett-Packard (HP) und der internationalen Unternehmensberatungsgesellschaft McKinsey.

Management werden Sie bei uns nicht finden. Solche Anglizismen sind für unsere Kunden oft einfach zu weit weg. Insgesamt ist es daher wichtig, dass man auf Augenhöhe mit den Kunden dafür sorgt, dass die passende Lösung für den konkreten Fall gefunden wird.

Man sieht: „Den" Mittelstand gibt es eben einfach nicht, der Begriff ist sehr weit und umfasst sehr unterschiedliche Marktteilnehmer, mit ganz verschiedenen Bedürfnissen und Strukturen.

Welche Trends sehen Sie denn aktuell bei der Software-Auswahl im Mittelstand?
Wir stellen fest, dass Themen, die zunächst Großunternehmen vorbehalten waren, nun auch auch im unteren Mittelstand Einzug halten. Hierzu zählt etwa das Kundenmanagement (CRM). Aber auch Controlling- und Geschäftsanalyse-Werkzeuge sowie zunehmend Dokumentenmanagement-Lösungen finden Eingang in den Mittelstand. Letzteres wird teilweise durch rechtliche Vorgaben getrieben, aber auch durch den Zwang zur Rationalisierung und Vereinfachung von Prozessen. Bei 20 Mitarbeitern haben Sie keinen Workflow, bei 100 sehr wohl.

Auch wenn Ihnen das vielleicht gar nicht bewusst ist …?
Auch dann! Und diese Prozesse können Sie dann mit Dokumentenmanagement-Systemen (DMS) oder auch CRM-Lösungen deutlich effizienter gestalten als zuvor. Wir haben vor einigen Monaten eine Basis-DMS-Funktion in eines unserer ERP-Produkte integriert und erhalten dazu sehr positives Kundenfeedback. Das Interesse am Thema Dokumentenmanagement ist also vorhanden. Zunächst geht es um die digitale Ablage von Dokumenten in einem zentralen System und erste Schritte in Richtung Workflow. Vollständig wird das erst später verfügbar sein, weil wir in diesen Bereich nach und nach mit dem Fachhandel hineinwachsen möchten.

Hat Software-Entwicklung in Deutschland eine Zukunft?
Software ist natürlich ein sehr weites Feld und ich kann aufgrund meiner fachlichen Kompetenz nur über den Bereich der betriebs-

> » ‚Den' Mittelstand gibt es eben einfach nicht, der Begriff ist sehr weit und umfasst sehr unterschiedliche Marktteilnehmer. «

wirtschaftlichen Software sprechen. Deutschland ist erstens der größte Wirtschaftsraum in Europa und die viertgrößte Volkswirtschaft weltweit. Dieser Markt ist geprägt durch äußerst anspruchsvoll agierende Firmen. Grundsätzlich also schon mal ein sehr interessantes Umfeld. Zweitens haben wir einen sehr großen und komplexen Mittelstand mit häufig sehr spezifischen Anforderungen, die sich dann in der Software wiederfinden. Drittens haben wir hierzulande hohe Ansprüche in den Bereichen Qualität und Datenschutz. Und schließlich wird die hiesige Software stark durch lokale, rechtliche Anforderungen geprägt. Die Finanzbuchhaltung unterscheidet sich zwischen Ländern oft erheblich. Extrem länderspezifisch ist die Personalabrechnung – das unterscheidet sich selbst zwischen Deutschland und Österreich komplett, in der Schweiz ist das dann sogar von Kanton zu Kanton unterschiedlich. Das sind Gründe, warum wir nicht ohne Weiteres überall international entwickelte Software einsetzen können. Dieser Bereich ist also nach wie vor von sehr lokalen Entwicklungen geprägt. Man kann Software zwar auch international produzieren, allerdings lohnt sich dies dann erst für größere Unternehmen. Wir selbst haben jahrelang Software gezielt für lokale Bedürfnisse entwickelt. Das macht die Software einfach in der Installation und in der späteren Benutzung. Wir haben deshalb als Sage in verschiedenen Ländern unterschiedliche Produkte in allen Segmenten. Gerade im mittleren Segment wird sehr viel lokal entwickelt, aber auch im oberen Bereich ist traditionell sehr viel lokal entstanden. Nehmen Sie nur allein die mehr als 200 ERP-Anbieter in Deutschland, die sich vorwiegend auf den deutschen Markt konzentriert haben.

Glauben Sie, dass sich die Anforderungen an eine lokale Software-Entwicklung aufgrund der zunehmenden Internationalisierung mittelfristig verändern werden?

machbar, dass man Lösungen als SaaS – also Software-as-a-Service – nicht nur spezifisch für ein Land entwickelt: Vielmehr kann man die Architektur so gestalten, dass auf Basis einer internationalen Plattform lediglich nationale Container erstellt werden, in denen dann die lokalen Funktionen enthalten sind. Der Mehraufwand wird auf diese Weise erheblich reduziert. Auch Sage hat mit Sage One eine solche Plattform geschaffen, die bereits in zahlreichen Ländern im Einsatz ist und deren Einsatz aktuell für Deutschland vorbereitet wird. Hier steuern wir also mittelfristig auf eine gemeinsame Lösung für die europäischen Kunden zu.

Dennoch werden wir auch weiterhin in Deutschland eine große Entwicklungsabteilung haben, die jedoch in einzelnen Bereichen mehr und mehr mit anderen internationalen Teams zusammenarbeitet. Zusätzlich haben wir in Karlsruhe eine zentrale Entwicklungsmannschaft, die für die Sage-Gruppe weltweit verschiedene Lösungen entwickelt. In den vergangenen eineinhalb Jahren haben die Kollegen zum Beispiel für ein internes Projekt gearbeitet – eine Social-Media-Plattform für unsere mehr als 13 000 Mitarbeiter: sozusagen ein Facebook für Sage, wenn auch nicht ganz vergleichbar (lacht). Das machen wir in Deutschland, weil wir in Karlsruhe entsprechendes Know-how haben.

Dass Deutschland als Standort nach wie vor hochattraktiv ist, sieht man aber auch an der Tatsache, dass es noch immer an qua-

Nun, es gibt ja natürlich auch hierzulande bereits seit Jahren international einsetzbare Lösungen für KMU. Und auch Sage hat mit Sage ERP X3 seit circa drei Jahren eine Lösung für den international tätigen Mittelstand im Einsatz. Aber der Anpassungsaufwand vor Ort ist trotz aller Standards und internationaler Funktionen nach wie vor sehr hoch. Von daher haben lokal entwickelte Produkte je nach Unternehmensanforderungen auch weiterhin ihre Berechtigung.

Auf der anderen Seite kommen natürlich auch neue Technologien zum Tragen. Für den unteren Bereich ist es durchaus

lifizierten Mitarbeitern mangelt. Laut BITKOM fehlen in der IT in Deutschland 5 000 bis 6 000 Mitarbeiter. Wir selbst haben ebenfalls einen erhöhten Bedarf gerade im Bereich neuer Technologien. Das wird sich auch auf absehbare Zeit nicht ändern, Software-Entwicklung Made in Germany bleibt ist also auch in Zukunft ein Thema.

Cloud-Computing: Hype oder die Zukunft?
Es ist ein bisschen von beidem. Schaut man sich die vergangenen drei Jahre an, dann wurden ja sehr aggressive Prognosen gemacht,

dass innerhalb von absehbarer Zeit erhebliche Teile der Unternehmens-Software in die Cloud wandern würden. Das ist richtig, aber nicht gleichermaßen für alle Software-Bereiche. Es stimmt etwa für vieles, was man im täglichen Leben als Endverbraucher nutzt wie E-Mail, Sicherheitslösungen oder Handelsplattformen wie E-Bay, Amazon und so weiter. Ganz viele Dinge also, bei denen man sich gar nicht bewusst ist, dass sie klassische Cloud-Applikationen sind.

Im Bereich der betriebswirtschaftlichen Software ist die Welt ein wenig komplexer. Zunächst war man auch da sehr euphorisch, es hat sich aber relativ schnell herausgestellt, dass sich das Cloud-Computing nicht ganz so schnell durchsetzt, wie erhofft. Allmählich tut sich aber auch hier einiges.

Schauen wir noch mal konkret auf KMU. Im Einstiegssegment findet man in der Regel Software, die fix und fertig vorliegt – Integrationsaufwand hat man hier praktisch nicht. Im Gegensatz dazu hat man einen erheblichen Integrationsaufwand, je größer ein Unternehmen ist. Wir haben darauf reagiert, indem wir unterscheiden zwischen sogenannten Connected Services und Online-Lösungen. Connected Services sind Leistungen, die man aus dem Web bezieht und mit denen man bestehende, fest installierte PC-Lösungen ergänzt. So ergänzen wir etwa unsere Warenwirtschafts- oder Rechnungswesen-Lösungen GS-Office um Sicherheits- und Backup-Lösungen aus der Wolke. Auch bieten wir für bestehende Desktop-Produkte E-Commerce-Lösungen an, mit denen kleine Firmen ihren Vertrieb ins Internet bringen wollen und hierfür eine durchgängige Lösung aus Internetshop und Warenwirtschaft sowie Rechnungswesen benötigen. Und natürlich fallen auch mobile Lösungen in diesen Bereich.

» *Schon heute ist klar, dass der Weg in die Cloud für viele Firmen sehr sinnvoll sein kann.* «

Bei den kompletten Online-Lösungen unterscheiden wir zwischen dem Einstiegsbereich und den Mittelstands- beziehungsweise gehobenen Mittelstandslösungen. Im Einstiegsbereich haben wir uns ganz klar für komplette Neuentwicklungen entschieden und bieten hier echte SaaS-Lösungen an. Das Geschäftsmodell ist ganz klar Subskription statt Lizenz. Im gehobenen Mittelstand ist dieses Geschäft deutlich komplexer. Zunächst muss man sich darüber im Klaren sein, dass wir hier meist über Anwendungen reden, die über die vergangenen 20 bis 25 Jahre kontinuierlich gewachsen sind. Das sind mehrere Millionen Zei-

len Code und Tausende von Entwicklertagen. Die Vorstellung, das jetzt mal eben schnell neu zu schreiben und ins Web zu bringen, als echte SaaS-Lösung, ist allein deshalb schon nicht ökonomisch. Hinzu kommen dann noch die Ansprüche an Integration und die kundenspezifische Anpassung. Mit unserem Ansatz, diese bewährten Lösungen auf einer Cloud-Plattform ins Web zu bringen, schaffen wir genau diesen Spagat. Wie sich das Thema in den kommenden fünf bis zehn Jahren weiter entwickeln wird, muss man sehen. Aber schon heute ist klar, dass der Weg in die Cloud für viele Firmen sinnvoll sein kann.

Wie sehen Sie die Rolle von E-Commerce und Social Media für KMU?
E-Commerce hat im KMU-Bereich enorm zugenommen. Der E-Commerce-Umsatz insgesamt wächst stark. Der Handelsverband HDE spricht von rund 26 Milliarden Euro mit sehr starkem Wachstum. In diesem Jahr rechnet man mit 38 Millionen Käufern – also zwei von drei Erwachsenen werden über das Internet einkaufen. Da ergeben sich natürlich gerade für kleinere Unternehmen viele Chancen, ganz neue Geschäftsmodelle werden möglich. Ohne große Investitionen kann ich dank E-Commerce-Lösungen meine Reichweite vom lokalen Umfeld auf die ganze Welt ausweiten. Wir haben deshalb in allen Segmenten entsprechende Lösungen im Angebot. Im unteren Segment ist dieser Online-Shop direkt in unsere bestehende Warenwirtschaft integriert, um so einen reibungslosen Ablauf von der Bestellung über die Lagerlogistik und den Versand bis hin zur Rechnungsstellung zu gewährleisten. Für gehobenere Ansprüche arbeiten wir mit einem unserer größten Entwicklungspartner, der logicbase GmbH, die führend ist bei Lösungen für E-Bay-Powerseller und E-Commerce-Lösungen und eine sehr professionelle Shop-Lösung auf Basis unserer ERP-Produktlinie Office Line entwickelt hat. Insgesamt weist dieser Bereich ein sehr dynamisches Wachstum auf.

Social Media ist vor allem als Kommunikationskanal nicht mehr weg zu denken. Wir haben deshalb unsere CRM- und Personalmanagement-Lösungen entsprechend erweitert. So ist gerade für Marketing und Vertrieb das Ganze zunehmend ein Thema. Hier bieten wir etwa Kundenmanagement-Lösungen (sogenanntes Social CRM), mit denen Daten direkt mit sozialen Netzwerken wie Facebook, Twitter oder XING verknüpfen können. Aber auch klassische Online-Informationen wie Wetter Online oder Routenplanung können so ins CRM-System integriert werden. Insgesamt ist das alles aber noch in einem relativ frühen Stadium. Wir selbst nutzen Social Media für die Bewerberansprache über eine eigene Facebook-Seite und zur Kundenansprache auf Twitter, YouTube und Facebook. Ich kann nur empfehlen, mal einen Blick auf unsere Seite www.sage.de/social-media zu werfen!

Herr Dewald, wir bedanken uns für das interessante Gespräch.

www.wirtschaftsinformatik-management.de ■ Springer Gabler Executive Information

Wirtschaftsinformatik & Management

2 . 2012 ■ **INTERVIEW** „Unter einem Dach heißt eben noch nicht aus einer Hand." ■ **TECHNOLOGIE** Effizientes Link-Management ■ Entwicklung einer webbasierten Software für einen Loseblattverlag ■ **STRATEGIE** Die Rolle der Wirtschaftsinformatik im E-Government ■ Konzeption und Einsatz von E-Learning in der Unternehmung ■ **MANAGEMENT** E-Government - Services für privatwirtschaftliche Unternehmen ■ Effektive Designentscheidungen durch Benchmarking von Informationssystemen

E-GOVERNMENT
Der elektronische Weg zum Bürger

„Es kommt auf das Konstruieren und Gestalten an"

WuM sprach mit Dr. Uwe Dumslaff, Vice President und Chief Technology Officer bei Capgemini, über die Entwicklung der IT-Branche, den Fachkräftemangel und wie IT-Berufe in Zukunft aussehen werden.

WuM: Wie würden Sie die Entwicklung der IT-Branche bis heute umreißen? Was ist bisher passiert, wo ist es noch besonders unklar, in welche Richtung geht es, und wie, glauben Sie, wird es weitergehen?

Uwe Dumslaff: Unsere Branche war ursprünglich stark geprägt von einem Manufakturdenken. Das hieß praktisch: Von der Idee bis zur Umsetzung und Qualitätssicherung haben wir alles, was an den Kunden ging, komplett selbst gemacht. Wir waren generalistisch ausgebildet und verfügten häufig über ein Wissen, das unsere Kunden, die meist noch ihre Informatik- oder IT-Bereiche aufbauten, nicht hatten. Dieser Vorsprung war für die IT-Dienstleistungsbranche eine gewisse Zeit lang prägend.

Der Manufakturgedanke und der generalistische Ansatz führten dazu, dass eine erstklassige Ausbildung zu nahezu allen Aufgaben befähigte, die im Lebenszyklus einer Software-Architektur anfielen. Unsere Kunden haben dabei häufig gemeinsam mit uns gelernt. Danach waren wir alle immer ein bisschen klüger – sowohl unsere Auftraggeber als auch wir. Es war also die typische Entwicklung einer neuen Industrie, die hier durchlaufen wurde: Gemeinsam haben Dienstleister und Kunde von den Projekten profitiert. Beide Seiten waren bereit und letztendlich auch fähig, genau in diese Entwicklung zu investieren.

Was ist dann passiert?
Dann traten zwei Entwicklungen gleichzeitig ein: Einerseits sorgte die zunehmende Globalisierung bei den Unternehmen für mehr Wettbewerb und dadurch für eine höhere Kostensensitivität. Andererseits hat sich die Rolle der IT in den Unternehmen verändert. War sie für Unternehmen früher ein Fremdkörper und ein bisschen magisch, wurde sie mit der Zeit zu etwas Selbstverständlichem. Die ihr nun zugedachte Rolle war im Hintergrund angesiedelt. Die IT musste funktionieren, sollte aber keinen Krach machen und erst recht nicht das Geschäft stören. Für etwas, das man als selbstverständlich ansah, war man natürlich nicht mehr bereit, in gleichem Maße in die Tasche zu greifen, wie das in den Jahren zuvor der Fall war. Dieser Umstand und der generelle Kostendruck durch verschärften Wettbewerb haben dazu geführt, dass letztendlich überall der Budgetdruck stieg.

So fing man an, in zwei Richtungen zu denken. Der erste Gedanke war, dass ein Spezialist immer schneller ist als ein Generalist. Zweitens gab und gibt es global ein enormes Lohngefälle zwischen den einzelnen Ländern und Regionen. Trotz hoher Löhne war Deutschland lange geschützt. Das hat sich mit der letzten Wirtschafts- und Finanzkrise dramatisch verändert, sodass wir alle deutlich offener für diese beiden Strömungen sein müssen: mehr Spezialisten statt Generalisten und neue Modelle zur Effizienzsteigerung und Kostenreduktion.

» *Die IT ist – und ich mag das englische Wort – disruptive.* «

Was für uns in Deutschland bleibt, ist die One-Stop-Shop-Perspektive, über die ich regelmäßig mit Kunden, Kollegen und Lehrstuhlinhabern an Universitäten diskutiere. Dabei geht es darum, sehr genau zu erfassen, wo in der Welt welche Stärken liegen und wie wir diese Stärken im Sinne eines globalen Liefermodells dem Kunden gegenüber nutzbar machen können. Wir hier in Deutschland sind dabei die Schnittstelle zum Kunden und orchestrieren das Modell. Mit diesem Modell können wir trotz Fachkräftemangel und Nachwuchsproblemen in allen MINT-Fächern, also allen technischen Disziplinen, weiterhin eine führende Rolle einnehmen und den IT-Standort Deutschland sichern. Wir müssen uns nur über die Spielregeln klar werden: Wie viel Know-how geben wir in andere Hände, nicht nur Informatikwissen, sondern auch geschäftliche Expertise; wo ist unser geistiges Eigentum? Wie gehen wir damit zukünftig um? Was muss eine Informatikerin oder ein Wirtschaftsinformatiker in Zukunft können?

Dr. Uwe Dumslaff
ist Vice President und Chief Technology Officer bei Capgemini in Deutschland. Geschäftliche Verantwortung trägt er innerhalb der Geschäftseinheit Application Services für die Branchen „Öffentlicher Sektor" sowie „Telekommunikation, Medien und Entertainment". Er verantwortet außerdem die Research-Aktivitäten. Dr. Uwe Dumslaff ist eng mit der Forschung verbunden. Er ist Senator der Deutschen Forschungsgemeinschaft (DFG), engagiert sich in der Gesellschaft für Informatik (GI) und betreut Kooperationen zwischen Capgemini und zahlreichen Informatik-Lehrstühlen.

Lassen Sie mich hier einhaken. Stichwort Fachkräftemangel: Wie müssen wir ausbilden, damit wir in Zukunft auch die Leute haben, die wir wirklich brauchen? Ein weiteres Stichwort: Frauen in der IT. Da ist doch eigentlich ein enormes Potenzial, das bisher so gut wie gar nicht genutzt wird. Ist das etwas, das Sie angehen wollen?
Das Thema steht auf unserer Agenda und auch auf meinem persönlichen Zettel weit oben. Es steht ja nirgendwo geschrieben, dass die IT männlich zu sein hat. Ganz im Gegenteil: Je heterogener ein Projektteam ist, desto spannendere Ideen entstehen. Und das hat dann nur am Rande etwas mit Gender Diversity zu tun, sondern auch viel mit dem Einbinden von Personen aus den unterschiedlichsten Kulturkreisen. Da sind wir übrigens auch wieder beim Thema globale Liefermodelle. Wenn wir über ein weltweit verteiltes Projektteam sprechen, dann sind da ganz selbstverständlich die unterschiedlichsten Nationalitäten vertreten und mit einer völligen Selbstverständlichkeit auch beide Geschlechter. Es geht hier wie dort darum, die Spuren, in denen wir uns bislang bewegt haben, zu verlassen. Wie können wir aus der fundierten Informatik- oder Wirtschaftsinformatikausbildung heraus unsere Bandbreite erweitern, um dadurch besser zu werden und gleichzeitig eben auch eine höhere Attraktivität für Frauen zu schaffen? Die IT ist – und ich mag das englische Wort – disruptive.

Vielleicht entspricht das Bild, das viele Frauen von IT-Jobs haben, auch einfach nicht dem, was tatsächlich in den Jobs passiert. Das ändert sich vielleicht, wenn man jungen Frauen zeigt, was gerade in der IT passiert. Ich könnte mir vorstellen, dass viele junge Frauen überrascht, ja sogar begeistert von IT-Jobs wären, wenn man ihnen die richtigen Dinge zeigt ...
... und das vor allem zum richtigen Zeitpunkt. Die Entscheidung über den beruflichen Werdegang fällt häufig schon in der Mittelstufe, wo leider nur eine mittelmäßige Informatikausbildung stattfindet. Hier muss sich noch einiges ändern. Deshalb suchen wir bei Capgemini auch immer öfter das Gespräch mit Schulen, um dabei zu helfen, junge Menschen, vor allem auch Mädchen, für die IT zu begeistern.

Fehlt es den Schulen an Praxisbezug?
Ein Mangel, den ich im Blick auf die Informatik hier sehe, ist, dass junge Menschen in der Schule nichts von der Bandbreite kennenlernen, die hinter einem Job in der IT steht. Vielleicht lernt man an der Schule das Programmieren. Aber man diskutiert keine innovativen Geschäftsideen mit einem Auftraggeber, man spricht nicht über die besten Lösungen zur Unterstützung dieser Ideen, und man arbeitet nur selten daran, dass durch praktisch angewandte Informatik etwas ganz Neues entsteht, das enormen Nutzen für ein Unternehmen und Menschen bringt. Für das alles muss man zwar eine fundierte Ausbildung haben, aber die eigentliche Arbeit sind Dialog, Kreativität und Gestalten. Hier spielt die reine Informatik gar nicht die Hauptrolle. Genau das macht aber heute einen Großteil unseres Berufs aus, und das ist es auch, was ihn so spannend macht.

Ist es das, was zunehmend gebraucht wird: Menschen, die dazu in der Lage sind, zwischen der IT-Abteilung und den Verantwortlichen

für die Geschäftsentwicklung sozusagen eine Art Dolmetscherfunktion wahrzunehmen?
Die IT-Entscheidungen werden heutzutage fast ausschließlich mit dem Blick auf die Geschäftsentwicklung getroffen. Umso wichtiger ist es dann eben auch für uns als Dienstleister, wirklich die Sprache und das Geschäft unserer Kunden zu verstehen. Wir müssen das Problemverständnis mitbringen und Lösungen finden, die wiederum in der Sprache unserer Kunden auf der Geschäftsseite verständlich sind. Damit sind wir bei Spezialisten. Branchenspezialisten.

Spezialisierung zum einen in Richtung Branche, zum anderen in Richtung bestimmter technischer Anforderungen.
Richtig.

Das wäre ja etwas, was der typische Schüler sich wahrscheinlich nicht unter einem IT-Job vorgestellt hätte.
Vermutlich nicht. Aber das gilt ja auch nicht für alle Jobs in der IT. Es gibt viele technische Informatiker, die nie direkt mit Kunden zusammenarbeiten. Da geht es immer noch fast ausschließlich um die Technologie. Doch diese Form des Spezialistentums ist eben nur eine Facette – wenn sie auch sicher das öffentliche Bild bislang stark prägte. Um die IT stärker anderen Gruppen – wir sprachen vorhin von Frauen in der IT – zugänglich zu machen, müssen wir alle Facetten darstellen. Lassen Sie mich in diesem Zusammenhang noch auf ein anderes Beispiel für die Veränderungen in der IT zu sprechen kommen:
  Wenn man schaut, wohin sich das ganze Thema Web 2.0 entwickelt, stellen wir fest, dass wir uns hier noch ganz am Anfang einer enorm spannenden, agilen Entwicklung befinden. Hier verlassen wir alle tradierten Muster der Software-Entwicklung. „Ist das Wirtschaftsinformatik?", werden Sie fragen. Ich sage Ihnen: Was denn sonst? Wer soll es denn sonst machen, wenn nicht Software-Ingenieure? Man muss sich loslösen von den alten Informatikbildern und -mustern, wenn man hier mitmischen will. Das gilt nicht nur für Unternehmen, die im Social Web aktiv sein wollen, sondern auch für den Nachwuchs. Das Gute daran: Für junge Menschen wird das Thema Informatik auf einmal greifbar. Welcher Jugendliche ist nicht in einem sozialen Netzwerk? SchülerVZ, StudiVZ, Facebook und Google+ – das kennen sie. Man erklärt ihnen, dass es ja immer jemanden gibt, der so etwas erst möglich macht, der Netzwerke aufbaut und gestaltet. Und dann fragt man sie ganz einfach, ob sie nicht Lust haben, sich damit auseinanderzusetzen. Vielleicht hat die Informatik jetzt, da sie ein integraler Bestandteil des alltäglichen Lebens geworden ist, auch die Chance, mehr Neugier darauf zu wecken, was denn eigentlich dahintersteckt. Alle Anreize zur Beschäftigung mit IT, die in den vergangenen 20 Jahren künstlich gesetzt wurden, sind ja leider fehlgeschlagen.

Ganz klar: In der Alltagsdurchdringung der IT liegt sicherlich die Chance, auch junge Menschen neugierig zu machen. Was aber bedeutet das für die Geschäftswelt? Wenn IT gewissermaßen allgegenwärtig ist, wie viel IT-Wissen müssen Nicht-IT-Manager dann heute haben?
So wenig wie möglich.

Das müssen Sie jetzt erklären.
Es geht um die Frage, auf welcher Ebene wir uns bewegen. Stellen Sie sich vor, Sie sind Produktmanager oder Produktionsleiter. Sie haben einen geschäftlichen Auftrag. Sie sollen einen gänzlich neuen Tarif für die Telekommunikation entwickeln oder ein Auto bauen. Dann wollen und müssen Sie sich auf Ihre Kernkompetenzen konzentrieren und sich darauf verlassen können, dass alles, was Sie dazu brauchen, von uns als Dienstleister verstanden wird. Wenn Sie uns dann erklären, was Sie benötigen, um Ihren Job zu machen, dann erwarten Sie zu Recht, dass wir das technologisch umsetzen und das Ergebnis so zu Ihnen zurückkommt, dass es in Ihre Welt, in Ihre Disziplin hineinpasst. Wir haben als Informatiker hier die Dolmetscherfunktion übernommen.

> » *Vielleicht hat Informatik jetzt, da sie ein integraler Berstandteil des Alltags ist, auch die Chance, mehr Neugier zu wecken.* «

Die IT hat mittlerweile einen Reifegrad erreicht, an dem sie lösungsorientiert in der Sprache der Anforderer ihre Antworten geben kann. Natürlich wird IT in den nächsten Jahren auch noch ein Stück weit Flaschenhals sein – die intellektuelle Leistung, Lösungen zu finden, muss eben erbracht werden. Aber die Anforderer müssen sich nicht mehr mit den ureigenen Problemen der Informationstechnik auseinandersetzen. Das machen IT-Fachleute, die die Sprache der Anforderer sprechen.

Was bedeutet diese Entwicklung für das Berufsbild des Software-Ingenieurs?
Was wir machen und bauen, sind in der Regel Unikate. Damit sind wir in der Informatik im engeren und auch im weiteren Sinne mehr Konstrukteure und Produzenten. Das Vervielfältigen spielt dabei eine untergeordnete Rolle. Digitales Kopieren ist ja fast zum Nulltarif machbar. Vielmehr kommt es auf das Konstruieren und Gestalten an. Und es ist meine feste Überzeugung, dass das auch in Zukunft so bleiben wird. Dieses Know-how dürfen wir in Deutschland nicht verlieren, wenn wir dauerhaft wettbewerbsfähig bleiben wollen.

Vielen Dank für das interessante Gespräch.

Michael Tsifidaris

Chairman und Managing Partner, begann nach dem Studium der Betriebswirtschaft seine Karriere bei IBM Consulting. Dort leitete er diverse internationale Projekte auf den Gebieten Supply-Chain-Management, Implementierung von Standard-Software und Outsourcing. 1994 veröffentlichte er sein Buch „Management der Innovation. Pragmatische Konzepte zur Zukunftssicherung des Unternehmens". Nach mehreren Positionen mit nationaler und internationaler Verantwortung wurde er in das Managementteam von IBM für Zentraleuropa berufen. Unter seiner Führung als Direktor Strategic Outsourcing entwickelte sich IBM Deutschland zum Marktführer in diesem Geschäftsfeld. 2002 übernahm Michael Tsifidaris als geschäftsführender Gesellschafter und Managing Partner der KPS Consulting die Verantwortung für die strategische Entwicklung des Unternehmens. Darüber hinaus leitet er seither den Bereich Strategy & Transformation Consulting. Als KPS Consulting 2008 in eine börsennotierte Aktiengesellschaft umgewandelt wurde, übernahm er zudem den Vorsitz des Aufsichtsrats.

Dietmar Müller

Vorstand und Managing Partner, gehört zu den Mitgründern der KPS-Consulting GmbH, die das Unternehmen 2000 ins Leben riefen. Heute ist er Mitglied und Sprecher des Vorstands der KPS AG und für den Bereich Operations zuständig. Wesentliche Projektinitiativen bei Kunden von KPS werden durch seine Projektleitung direkt verantwortet. Vor der Gründung von KPS war Dietmar Müller bei der Plaut AG tätig. Dort leitete er verantwortlich diverse SAP-Einführungsprojekte im Großkundensegment und wurde 1996 in die Geschäftsführung der Plaut GmbH Deutschland berufen. Unter seiner Leitung konnte das „Competence Center Industrie" zum bedeutendsten Geschäftsbereich der Plaut-Organisation ausgebaut werden. Die von ihm entwickelten Methoden zur Einführung der SAP-Standard-Software wurden in diversen Großprojekten mit großem Erfolg umgesetzt.

Mario Uhl

Vorstand und Managing Partner, ist seit 1983 in der Informationstechnologie und Beratungsbranche tätig und verfügt über internationale Branchen- und Professional-Service-Kenntnisse im SAP-Umfeld. Seit Mai 2011 zeichnet er als Vorstand der KPS AG unter anderem verantwortlich für die Bereiche Business Development und Marketing Banking. Nach dem Studium der Betriebswirtschaftslehre an der Universität Saarbrücken war Mario Uhl über zehn Jahre bei der SAP AG Walldorf in verschiedenen Managementpositionen tätig. Unter anderem verantwortete er den Aufbau von SAP Americas (Nord- Mittel und Südamerika). 1997 wechselte Mario Uhl in das Beratungs- und Dienstleistungsumfeld und war hier bei dem französischen Konzern Groupe Bull sowohl Mitinhaber und Vorsitzender der Geschäftsleitung der Bull Consulting GmbH als auch Vice-President der Gruppe Bull für das weltweite SAP-Geschäft. Im Anschluss übernahm er als Mitglied der Geschäftsleitung bei CIBER AG die Bereiche Automotive/Transportation, Financials (Banken & Versicherungen), Telecommunications, Utilities sowie Servicedienstleister. Vor seinem Eintritt bei KPS AG war er Vice-President bei Capgemini und Member of the Board bei Capgemini Deutschland.

„Unter einem Dach heißt eben noch nicht aus einer Hand"

Veränderungsprozesse sind für Unternehmen immer eine Herausforderung. Besonders komplex wird es, wenn die Veränderung auch die IT betrifft. Darüber, wie man mit neuen methodischen Ansätzen das Change-Management bei IT-Projekten verbessern kann, sprach WuM-Chefredakteur Peter Pagel mit den Vorständen der KPS Consulting Michael Tsifidaris (vorsitzender Aufsichtsrat), Dietmar Müller (Vorstand) und Mario Uhl (Vorstand). Die KPS Consulting hat sich in den vergangenen Jahren als führender IT-Dienstleister für Unternehmenstransformationen im Handel- und im Konsumgüterbereich etabliert.

Das Gespräch führte Peter Pagel ▪ *Fotos Bernhard Huber*

WuM: Was sind für Sie aktuell die wichtigsten Herausforderungen im IT-Management-Consulting?
Tsifidaris: Was uns betrifft, stellen sich die größten Herausforderungen im Bereich Neukundengewinnung und in der Ansprache neuer, hoch qualifizierter Mitarbeiter. Wir haben uns lange Zeit relativ unter dem Radarschirm der öffentlichen Wahrnehmung bewegt, weil wir eigentlich von Kunde zu Kunde, Beirat, Aufsichtsrat weiterempfohlen worden sind. Wir fangen deshalb erst jetzt an, unsere öffentliche Wahrnehmung mit professionellen Instrumenten auf eine breitere Basis zu stellen. Solange man mit großen Wachstumsraten unterwegs ist, hat man ja positiv formuliert auch gar nicht den Bedarf, die Fühler weiter auszustrecken (lacht).

Sie könnten ja in der Anfangsphase ein noch größeres Auftragsvolumen auch gar nicht adäquat abarbeiten ...

Tsifidaris: Das ist richtig. Als Unternehmen, das seit seiner Gründung pro Jahr um 20 Prozent wächst, stehen wir natürlich vor der Herausforderung, unser hohes Qualitätsniveau zu halten, das ja eine Grundlage unseres Erfolgs ist. Gleichzeitig braucht ein Unternehmen ab einer gewissen Größe eine inhaltliche Breite,

» Es ist wenig zielführend, wenn man sich auf eine Branche fokussiert, die bereits so weit fortgeschritten ist, dass es nicht mehr viel zu tun gibt. «

auch um für qualifizierte Mitarbeiter attraktiv zu sein. Wir sind deshalb jetzt an einem Punkt, wo wir stärker an die Öffentlichkeit gehen, um das Potenzial an Kunden und Fachleuten zu erweitern. Hochschulabsolventen zeigen ja nach wie vor die Neigung, sich zunächst für die üblichen Verdächtigen, also große, überregional bekannte Unternehmen zu interessieren. Da muss man schon einiges tun, um überhaupt als attraktiver Arbeitgeber wahrgenommen zu werden.

Es ist ja ein weitverbreitetes Phänomen, dass viele Fachkräfte und Absolventen gar nicht wissen, was für interessante Arbeitgeber neben den bekannten Namen vorhanden sind.

Müller: Dieses Schicksal teilen wir natürlich auch, und das, obwohl wir mit der Modebranche in einem Bereich stark sind, der bei potenziellen Bewerbern auf großes Interesse stößt. Zu unseren Kunden gehören zum Beispiel Hugo Boss und Escada – bloß weiß das eben kaum einer (lacht). Selbst in der Branche kennen uns nur die, mit denen wir bereits arbeiten.

Es fällt auf, dass Sie einen Schwerpunkt im Modebereich haben. Wie kam es dazu?

Müller: Das war eine strategische Entscheidung. In der Modebranche war einfach der Zeitpunkt günstig, der Bedarf für unsere Dienstleistung war dort gerade gefragt. Es ist ja wenig zielführend, wenn man sich auf eine Branche fokussiert, die entweder in der Industrialisierung noch nicht so weit ist oder bereits so weit fortgeschritten ist, dass es für Unternehmen wie KPS einfach nicht mehr viel zu tun gibt. SAP hatte zu diesem Zeitpunkt gerade eine Branchenlösung auf den Markt gebracht, und die Fashion-Industrie war gerade dabei, die AFS-Lösung einzuführen. Ein weites Betätigungsfeld also. Wir haben eine sich bietende Chance konsequent genutzt. Wären wir in den Maschinenbau gegangen, hätten wir es mit vielen etablierten Konkurrenten zu tun gehabt. In der Modebranche haben wir damals mehr Möglichkeiten gesehen, unseren Ansatz umzusetzen.

Tsifidaris: Grundidee ist auch, nicht der 25. Anbieter zu sein, der Applikationen implementiert. KPS steht für Konzepte, Projekte, Systeme. Der Begriff Transformation war am Markt nicht bekannt, als wir das Unternehmen gegründet haben – wenn man den in Befragungen getestet hat, bekam man meist die Antwort „ein elektrisches Bauteil" (schmunzelt). Deshalb kamen wir auf KPS – die Idee dahinter ist, ein Team zu haben, das in der Lage ist, den Kunden von der strategischen Entwicklung über die Prozessoptimierung bis hin zur Implementierung der Systeme zu führen. Traditionell gibt es eine Dreiteilung im Markt: Strategieberatung, Prozessoptimierungsberatung und die klassische Applikationsberatung. Das verteilt sich dann auf die üblichen Anbieter. Außerdem gibt es mittlerweile große Marktteilnehmer, die angefangen haben, alles unter einem Dach anzubieten. Aber unter einem Dach heißt eben noch nicht aus einer Hand. Das sind immer noch drei Projekte, die vielleicht mit der gleichen Rechnungsadresse versehen sind. Die erste Phase endet mit einem Strategiepapier, die zweite mit Prozessoptimierungsvorschlägen und modellierten Prozessen in verschiedenen, gängigen Tools, am Ende folgen Pflichten- und Lastenhefte für unterschiedliche Applikationen.

Sie natürlich erst einmal mutige Kunden, die sich auf so einen neuen Ansatz einlassen. Durch die konkrete Erfahrung in einem Handelsunternehmen war es dann für andere Kunden aus diesem Bereich besonders erfolgversprechend, ebenfalls mit uns zu arbeiten. So sind wir dann zu einem der Marktführer im Handels- und Konsumgüterbereich geworden. Heute sind wir beispielsweise bei der Implementierung von SAP-Retail-Lösungen die Nummer eins, obwohl wir nie als SAP-Retail-Implementierungshaus an den Markt gegangen sind. Aber diese Lösung war – um im Bild zu bleiben – eben sehr oft der geeignete Baustoff für Transformationsprozesse. Im Grundsatz ist die Idee, dass wir ein Management-Consulting-Team haben, das mit den besten vorhandenen Baustoffen für unsere Kunden arbeitet.

Sie sind also nicht auf bestimmte Software-Lösungen festgelegt, sondern suchen je nach Bedarf nach der geeignetsten Variante?
Tsifidaris: Richtig – in den meisten Projekten kommt keineswegs ausschließlich SAP zum Einsatz. Wenn Sie sich das von End-to-End anschauen haben, Sie auf der Frontend-Seite etwa CRM-Portale, Web-Frontends und dergleichen. Im Kern, also beim ERP, kommt natürlich in der Regel SAP zum Einsatz. Spezifisch für den Handel wiederum sind beispielsweise unterschiedliche Kassensysteme. Da hängt es oft davon ab, was beim Kunden bereits erfolgreich läuft.

Das ersetzen wir durch eine durchgehende, integrative Vorgehensweise. Was wir über zehn oder elf Jahre methodisch entwickelt haben, nennen wir Rapid Transformation. Entlehnt ist diese Vorgehensweise aus dem Hausbau. Dort wollen Sie nicht nur mit dem Planer sprechen, der Ihnen ein Hausdesign abliefert, dann kommt ein Architekt, der anfängt, das Ganze in einen Bauplan zu gießen, und dann kommt ein Bauleiter, sondern Sie möchten von Anfang an mit der Person sprechen, die das Projekt auch ganz fachlich und von der praktischen Machbarkeit her denkt. Ein Aspekt, den unsere Kunden sehr zu schätzen wissen, ist, dass wir durch diesen Ansatz schon sehr früh valide Aussagen über den Return on Investment treffen können. Am Anfang brauchen

Uhl: Mit unserem Ansatz sind wir jetzt übrigens auch in der Finanzbranche erfolgreich, wo ja die Legacy-Thematik sehr wichtig ist. Die Frage, die sich da stellt, ist: Wie komme ich aus der heutigen Welt in die Zukunft? Da möchte ich nicht zwei oder drei Jahre warten, sondern schon sehr frühzeitig sehen können, ob das, was ich mir vorstelle, dann auch tatsächlich passt – genau das ist mit unserer Vorgehensweise möglich. Durch regelmäßige Kontrollen zwischendurch – wir nennen das SWT – wird sichergestellt, dass die Qualität am Ende stimmt. Bislang ist es ja so, dass die einzelnen Bereiche – Strategieentwicklung, Umsetzen in Geschäftsprozesse und Implementierung – hintereinander ablaufen. Das können Sie nur dann sinnvoll beschleunigen, wenn es

gelingt, eine Parallelisierung dieser Prozesse zu erreichen. Darin liegt die Besonderheit unseres Ansatzes. Damit das möglich wird, braucht man völlig neue Projektwerkzeuge. Das sind bei uns keine Aris-Modelle mehr oder ähnliche Beschreibungswerkzeuge. Man braucht eine Kommunikationsplattform, mit der alle Beteiligten arbeiten: das Management, die Fachabteilungen und die IT. Dann können Sie den Change-Prozess iterativ so durchführen, dass kontinuierlich alle im Boot sind. So bekommen Sie nicht nur bessere Ergebnisse, sondern erreichen gleichzeitig, dass alle hinter dem Projekt stehen, weil niemand mehr einfach etwas Fertiges vorgesetzt bekommt, mit dem er dann arbeiten muss.

Müller: Wir beginnen in unserem Modell gewissermaßen mit dem Integrationstest – ein Meilenstein, der in üblichen Verfahren weit hinten steht. Das bedeutet am Anfang mehr Arbeit, führt aber letztlich dazu, dass unsere Auftraggeber schneller am Ziel sind. Wir schaffen es, in drei bis sechs Monaten ein komplettes System fertig zu haben, das der Kunde testen kann – und das im Unterschied zu üblichen Prototypen bereits während der Integration in die Kundensysteme. Wenn der Kunde sich in dieser neuen Welt wohlfühlt, konzentrieren wir uns auf den Umzug von alt nach neu. Besonders ist dabei, dass wir – um im Hausbaubild zu bleiben – keine Altbausanierung betreiben, sondern einen Umzug in neue, moderne Systeme ermöglichen – in relativ kurzer Zeit. Das läuft dann Schritt für Schritt. Zunächst zieht eine Einheit des Unternehmens um und testet alle Kinderkrankheiten, jetzt nicht mehr im Prototypen, sondern mit echtem Geld und echter Ware und echten Produktionsprozessen. Danach folgt der Rest des Unternehmens.

Das stelle ich mir gerade im Bankenbereich sehr spannend vor, da ist ja die Legacy-Thematik besonders stark vorhanden ...

Uhl: Das ist richtig, wir haben gerade vor Kurzem eine Bank in so einem Prozess begleitet. Ich glaube, gerade für diesen Bereich ist es sehr wichtig, dass wir Transformationsprozesse von Anfang bis Ende begleiten. Für das eigentliche Core-Banking haben Banken ihre etablierten Dienstleister. Unsere Spezialität ist dagegen die Transformation gepaart mit Banking-Know-how. Ein ganz ähnliches Legacy-Problem hat im Übrigen die Telekommunikationsbranche, da sehen wir auch großes Potenzial für uns.

Tsifidaris: Es geht im Kern um die drastische Verkürzung von Projektlaufzeiten, die heute ja eigentlich nur in der technischen Laufzeit gemessen werden. Viel wichtiger ist aber die Frage, wie lange es wirklich von der Idee bis zur vollständigen Umsetzung dauert. Das Change-Management ist heute meist eine Komponente, die vom technischen Projekt getrennt wird. Dabei ist der technische Teil genauso ein Change-Prozess. Da wir den Fach-

bereich in die Führung des Projektes nehmen und nicht bloß in die Begleitung, bekommen wir eine ganz andere Projektdynamik. Heute ist es ja oft so, dass der Fachbereich und das Management Papiere verfassen, die sie dann als Anforderungen an die IT geben, um dann nach einer bestimmten Zeit zu überprüfen, was aus der Umsetzung geworden ist. Je größer dann der Zeitversatz zwischen Schreiben des Pflichtenheftes und dem Präsentieren des Ergebnisses, desto mehr ist in der Zwischenzeit passiert und umso weniger hat das mit dem zu tun, was man sich vorgestellt hat. So entsteht das bekannte Phänomen, dass die IT permanent ein gefühlter Flaschenhals ist. In unserem Modell stellt die IT dagegen die Werkzeuge zur Verfügung, damit Fachbereich und Management durch schnelles Prototypisieren in der Lage sind, ihr „Haus" selbst zu bauen.

ist also dafür zuständig, gemeinsam mit dem übrigen Management die Anforderungen des Geschäfts in technische Anforderungen zu übersetzen und die notwendigen Maßnahmen zu orchestrieren.

Damit verhindert man auch Kommunikationsprobleme, weil man unmittelbar am Gleichen arbeitet.
Uhl: Das erfordert natürlich auch eine gewisse Terminologie, damit der CIO auch versteht, worum es dem Management und der Fachabteilung geht. Er muss sich auf deren Denkweise und Sprache einstellen, um in der Lage zu sein, sie richtig abzuholen. Eine Stärke unserer Vorgehensweise ist, dass es durch den permanenten Austausch viel unwahrscheinlicher wird, dass mit großem Aufwand etwas gebaut wird, was niemand wirklich braucht oder haben will.

Was bedeutet das für die Rolle etwa des CIO im Unternehmen, für dessen Selbstverständnis?
Müller: Oft begegnen wir dem Bild, dass der CIO von Fachbereichsseite nicht ausreichend gewürdigt werde. Auf diese fehlende Akzeptanz gibt es zwei Hauptreaktionen: Die einen konzentrieren sich auf rein technische Aufgaben. Die anderen haben den Anspruch, mitzugestalten und Ideen zu entwickeln. Wichtig für unser Modell ist die zweite Gruppe. Weil in unserem Modell der CIO von Anfang an im Boot sein muss und nicht erst dann, wenn die Entscheidungen bereits getroffen sind. Erst dadurch wird er eigentlich zum CIO, während der rein technische Umsetzer eher CTO, also der klassische technische Leiter ist. Der CIO

Tsifidaris: Die Projektsprache ist dabei der integrierte Geschäftsprozess. Das heißt, das Beschreibungswerkzeug, das Kommunikations-Tool, entspricht nicht der Architektur der Applikation, sondern der Architektur des Geschäftsprozessmodells.

Und im Ergebnis funktioniert das „Go Live" reibungsloser als bislang üblich?
Tsifidaris: Ich würde es anders beschreiben. Der Integrationstest ist nicht mehr der Auslöser des eigentlichen Hauptprojektes.

Das ist, glaube ich, ein gutes Schlusswort. Ich bedanke mich für das Gespräch.

www.wirtschaftsinformatik-management.de   ■ Gabler Executive Information

Wirtschaftsinformatik & Management

1 . 2012 ■ **INTERVIEW** „Wir sind mehr auf der Best-Practice-Seite." ■ **TECHNOLOGIE** Die Energieprojektlandkarte ■ Wofür steht eigentlich Cloud Computing? ■ **STRATEGIE** Green IT - Da geht noch was! ■ verändern Social Media, Mobility und Cloud Computing die Rolle der Unternehmens-IT? ■ **MANAGEMENT** Management und Informationstechnik ■ Effizientes Link-Management: Lohnende Maßnahmen

GREEN IT
Vom Hype zur Herausforderung

"Die Kostenvorteile, die Sie in Deutschland durch besseres Projektmanagement heben können, sind oft größer als das, was sich durch Offshoring erreichen lässt."

Software-Entwicklung ist in vielen Fällen noch immer von wenig strukturierten und wenig produktiven Prozessen bestimmt. WuM-Chefredakteur Peter Pagel sprach mit Dr. Hans-Jürgen Plewan darüber, wie in diesem Bereich größere Produktivität und Qualität erreicht werden können und was gutes Projektmanagement ausmacht.

Das Gespräch führte Peter Pagel ▪ *Fotos Dirk Uebele*

WuM: Herr Dr. Plewan, weil wir gerade über das Thema gesunder Lebensstil gesprochen haben: Tun Sie in Ihrem Unternehmen etwas dafür, dass die Mitarbeiter einen gesünderen Lebensstil pflegen?
Hans-Jürgen Plewan: Die Frage gefällt mir. Es ist natürlich schwer abzugrenzen, wo gesunder Lebensstil anfängt und wo er aufhört. Was gehört alles dazu? Das ist natürlich auch individuell verschieden. Wir positionieren uns gegenüber Bewerbern und Hochschulabgängern auf jeden Fall so, dass wir klar sagen, Ziel für unsere Teams ist die 40-Stunden-Woche, und nicht die 60-Stunden-Woche – in Abgrenzung zu vielen Unternehmensberatungen, bei denen exzessive Überstunden zum Selbstverständnis gehören. Andererseits geht es uns dabei um echte Arbeits- und nicht um Anwesenheitszeiten. Es geht uns um die erreichten Ergebnisse, diese müssen stimmen. Also 40 Stunden zielorientiert und produktiv gearbeitet, ohne große Verschwendungen und Schnörkel, darum geht es. Dafür ist für die Mitarbeiter dann freitags eben um 17:00 oder 18:00 Uhr Schluss, und das Wochenende kann beginnen. Das propagieren wir nicht nur, sondern schaffen es auch meist. Die durchschnittlichen Überstunden eines Software-Entwicklers liegen bei uns pro Monat eher bei zehn als bei vierzig Stunden. Das verteilt sich natürlich ungleichmäßig – in der heißen Phase und im Endspurt der meisten Projekte geht es natürlich hoch, das wird dann aber auch entsprechend ausgeglichen. Eine angestrebte Work-Life-Balance bei einem hohen Grad an Professionalität wird in der Unternehmenskultur von Software-Unternehmen immer wichtiger. Gerade auch die Generation junger und guter Software-Entwickler erwartet das heute immer mehr. Damit müssen Sie sich als Unternehmen auseinandersetzen.

Ein zweiter wichtiger Punkt ist, dass wir in unseren Projekten versuchen, Wochenendarbeit möglichst zu vermeiden. Wochenendarbeit ist immer dann ein mögliches Ventil, wenn unvorhergesehene oder unplanbare Dinge passieren. Wir planen unsere Projekte ohne Überstunden und Wochenenden. Das setzt natürlich auch eine systematische Aufwandsschätzung und Projektplanung voraus. In diesem Zusammenhang hat mir mal ein Projektmanagementberater eine schöne Anekdote erzählt. Er fährt abends um acht, halb neun auf den Parkplatz von neuen Kunden und betrachtet sich deren Bürofront. Wenn da noch viele Lichter brennen und Mitarbeiter sichtbar sind, dann ist das für ihn ein erstes Indiz, dass dieses Unternehmen in seinen Projekten noch nicht sehr professionell arbeitet. Im Reifegradmodell CMMI spricht man in diesem Zusammenhang von „weniger reifen Unternehmen", deren Entwicklungs- und Projektmanagementprozesse noch nicht sehr systematisch sind. Dieses Bild, wie es zum Teil in Beratungshäusern noch existiert – gute Arbeit dauere mindestens zwölf bis 14 Stunden täglich, haben wir nicht. Genauso glauben wir nicht, dass nur ein Mitarbeiter, der viele Überstunden macht, ein guter Mitarbeiter sei. Entscheidend ist das Ergebnis – nicht, wie lange jemand im Büro sitzt. Gerade wenn man sich die großen Produktivitätsunterschiede von Software-Organisationen im Bereich von eins zu acht anschaut, bringen Ihnen massive Überstunden nicht viel, wenn Sie eine eher schlechte Produktivität haben.

Wenn unsere Leute vor Ort beim Kunden sind, wird es allerdings etwas schwieriger, denn Sie haben weniger Möglichkeiten, zum Beispiel die Arbeitszeiten zu steuern. Wir machen ja beides: Projekte vor Ort beim Kunden und Projekte, für die wir die meisten Phasen bei uns im Haus durchführen. Ich habe zurzeit einen konkreten Fall, bei dem einer unserer Mitarbeiter ein sehr schwieriges Projekt in der Projektsteuerung unterstützt. Er ist nicht der Projektleiter, aber berät den Projektleiter des Kunden.

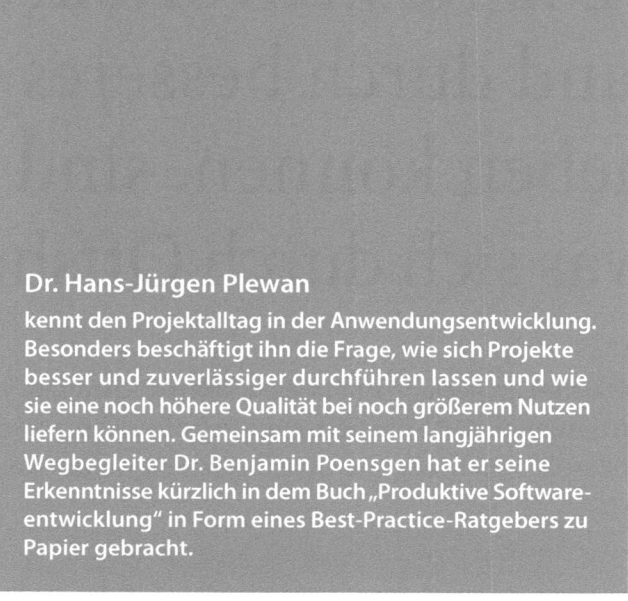

Dr. Hans-Jürgen Plewan
kennt den Projektalltag in der Anwendungsentwicklung. Besonders beschäftigt ihn die Frage, wie sich Projekte besser und zuverlässiger durchführen lassen und wie sie eine noch höhere Qualität bei noch größerem Nutzen liefern können. Gemeinsam mit seinem langjährigen Wegbegleiter Dr. Benjamin Poensgen hat er seine Erkenntnisse kürzlich in dem Buch „Produktive Softwareentwicklung" in Form eines Best-Practice-Ratgebers zu Papier gebracht.

Aufgrund seiner Aufgabe, aber auch aufgrund der Projektkultur des Kunden arbeitet er seit einigen Wochen jeden Tag zwölf bis 15 Stunden. Der Mitarbeiter signalisiert mir, dass im Projekt mit einigen wenigen Projektmanagementmaßnahmen wesentlich effizienter gearbeitet werden könnte. Allerdings nimmt der Kunde diese Vorschläge und Maßnahmen noch nicht an.

So extreme Arbeitszeiten haben dann ja fast zwangsläufig Fehler zur Folge.
Das ist richtig – effizient ist so etwas mit Sicherheit nicht. Wir versuchen, solche Situationen zu vermeiden. Manchmal stimmt zwischen einem Kunden und einem Mitarbeiter auch einfach die Chemie nicht, dann kann es helfen, einfach einen anderen Berater in diesem Projekt einzusetzen. Was für uns auch zur professionellen Projektarbeit gehört, ist, dass wir Mitarbeitern, die etwa ein paar Monate sehr hart und erfolgreich gearbeitet haben, nach Projektende erst mal einige Tage freigeben, damit sie ihre Batterien wieder aufladen können. Das steht so natürlich nicht im Arbeitsvertrag. Man muss das Thema auf jeden Fall im Bewusstsein haben, sonst leidet die Mitarbeitermotivation auf Dauer stark.

Unternehmenskultur scheint Ihnen ein wichtiges Thema zu sein?
Ja, das ist eines der Kernthemen, die mich beschäftigen. Gerade weil ich während der letzten 20 Jahre gesehen habe, welchen enormen Einfluss die Unternehmenskultur auf den Erfolg eines Unternehmens hat. Das liegt aber auch an meiner beruflichen Biografie. Ich bin bei sd&m groß geworden, nach meinem Informatikstudium an der TU München. Die TU München ist schon eine stark leistungsorientierte Universität, die Quoten der Leute, die dort versuchen zu promovieren im Vergleich zu denen, die das tatsächlich erreichen, sind schlecht. Da lernt man wirklich, sich durchzubeißen. Wenn Sie das geschafft haben, fühlen Sie sich erst einmal gut. Ein halbes Jahr später stellen Sie dann allerdings fest: Das zählt alles gar nicht (lacht). Man muss sich wieder neu durchbeißen. Bei sd&m habe ich dann eine Unternehmenskultur kennengelernt, die in Bezug auf das Projektgeschäft extrem professionell und leistungsorientiert aufgestellt war. Das hat mir gefallen. Das ist der höchste Reifegrad an Projektmanagement, den ich in den vergangenen 20 Jahren kennengelernt habe. Allerdings mit einer relativ hohen Fluktuation aufgrund einer Neigung zu einer gewissen „Angstkultur" im Führungsstil. Der bekannte Managementexperte Tom DeMarco hat das bei einer Analyse der Kultur von sd&m Mitte der 90er-Jahre festgestellt. Danach bin ich zu einem Software-Haus im Telekommunikationsbereich gegangen, weil es mich technologisch und auch fachlich interessiert hat. Da war das Projektmanagement aus meiner Sicht nur auf durchschnittlichem Niveau – obwohl das Unternehmen ISO9001 zertifiziert war. Das wurde in den Projekten aber nicht konsequent gelebt, sondern stand eher im Schrank. Aber das Team war extrem kooperativ und hatte einen tollen Zusammenhalt, sodass so manche Schwächen im Projektmanagement ausgeglichen werden konnten. Auch die Zusammenarbeit zwischen Mitarbeitern und Führungskräften war sehr gut und konstruktiv. Die Idee beim Aufbau unseres Unternehmens war dann, dieses professionelle Projektmanagement und die kooperative Teamkultur, die auch an so etwas wie Motivation und Spaß orientiert war, zusammenzubekommen. In Bewerbungsgesprächen sage ich oft, wir haben bei uns zwei wichtige Standbeine: eine klare Leistungsorientierung

und eine erlebbare Mitarbeiterorientierung. Beides ist entscheidend für optimale Arbeit. Wobei beides auch eine Gratwanderung ist und nicht immer konfliktfrei umgesetzt werden kann. Am Ende des Tages ist uns als Dienstleister die Zufriedenheit unserer Kunden immer oberstes Ziel.

Cloud Computing – welche Rolle wird es für die IT in der Finanzwirtschaft in den kommenden Jahren spielen?
Cloud Computing betrifft uns als Software-Haus zurzeit noch gar nicht, das ist erst dabei zu entstehen. Ganz interessant in diesem Zusammenhang ist unser Schwesterunternehmen, die Finanz Informatik Technologie Service, die hier Angebote etwa im SAP-Bereich hat. Unter anderem machen die das für einen Kunden von uns – die Landesbank Hessen-Thüringen. Nach allem, was ich vom Kunden höre, funktioniert das sehr gut. Wir selbst haben bei den vielen Projekten, die wir 2011 gemacht haben, und auch bei denen, die für das kommende Jahr avisiert sind, keines, bei dem das Thema Cloud eine explizite Rolle spielt. Was aber auch daran liegt, dass wir eher auf der Ebene der Applikationen, also oberhalb der Infrastruktur tätig sind. Auf Kundenseite spielt das Thema allerdings heute schon eine Rolle. Wenn es zum Beispiel darum geht, einen neuen Server zu bekommen. Das dauert auf herkömmlichem Weg mehrere Wochen, bis man

Momentan arbeiten wir an einem großen Projekt für ein Finanzinstitut, bei dem es genau um dieses Thema geht. Business Intelligence ist in der Finanzwirtschaft immer im dispositiven Bereich wichtig, also wenn es um Reporting und Steuerung geht, um den Umgang mit Risiken, Auswertung betriebswirtschaftlicher Kennzahlen oder auch um so etwas wie das Vertriebscontrolling. Die Geschäftsdaten der verschiedenen operativen Systeme landen dann in einem Data Warehouse. Einige Kunden sind sogar erst dabei, eine solche zentrale Datenhaltung zu etablieren. Das ist ja auch eine äußerst wichtige Entscheidung, schließlich ist dieses zentrale Data Warehouse der Schlüssel zum Erfolg. Der große Vorteil ist, dass dieser zentrale Speicher eine einheitliche Sicht auf alle Daten im Sinne eines Single Point of Truth liefert und damit der richtige Ausgangspunkt für die weiteren Analysen ist. Wir beobachten dabei einerseits den Trend zur Standardisierung, also etwa den SAP Bank Analyzer für die Banksteuerung in die vorhandene Anwendungslandschaft zu integrieren. Andererseits ist es wichtig, flexibel zu sein, also individuelle Kennzahlen oder Reports festlegen zu können. Die Werkzeuge, die für diese flexiblen Lösungen verwendet werden, sind natürlich wiederum Standard-Tools. Die Kernherausforderung ist immer, diesen zentralen Daten-Pool mit einer möglichst einheitlichen Sicht auf die Daten herzustellen.

den wirklich physisch zur Verfügung hat. Für solche Fälle ist dann eine Cloud-Lösung, bei der ich je nach Bedarf kurzfristig Kapazitäten hinzubuchen kann, sehr attraktiv. Einschränkend muss man aber sagen, dass es im professionellen Rahmen primär um Private Clouds geht – Public Clouds, wie sie etwa Amazon anbietet, sind für uns aus Sicherheitsgründen keine sinnvolle Alternative, gerade im Bankensektor. Selbst als Privatmensch würde ich es mir sehr gut überlegen, bevor ich etwas in eine Public Cloud stelle.

Welche Rolle spielt Business Intelligence (BI) in der Finanzwirtschaft? Was sind die aktuellen Trends?

Software-Entwicklung – von der Kunst zur Industrie, wie ist der Stand der Dinge?
Mir kommt es darauf an, dass beide Seiten wichtig sind. Es gibt häufig ein großes Missverständnis in dieser Frage. Es geht nicht darum, die Software-Entwicklung komplett zu industrialisieren. Es gibt einerseits Projekte, bei denen Sie etwa die ersten Apps für Ihr Unternehmen entwickeln. Da ist mehr Kunsthandwerk gefordert – weil Sie einfach noch keine Erfahrungswerte haben bezüglich Technologie, Design usw. Da müssen Sie ausprobieren und erst einmal kreativ sein. Wenn Sie andererseits eine heterogene Anwendungslandschaft in einer Bank anschauen, bei der es um Application-Management, um die

Weiterentwicklung bestehender Anwendungen geht, da müssen Sie an Industrialisierung denken. Wenn Sie da jedes Mal von vorne anfangen zu überlegen, wie Sie etwa das Test- und Release-Management organisieren wollen, verschwenden Sie Zeit und Ressourcen. Das Gleiche gilt, wenn Sie Ihre hundertste App im Unternehmen entwickeln und einführen, wenn Sie ausreichend Erfahrungen haben. Dann sollte es ebenfalls etablierte Standardabläufe geben. Dann kann man eben standardisieren, automatisieren und Bestehendes wiederverwenden – das ist ja mit Industrialisierung gemeint. Für mich ist das Problem eher, dass es heute viele „industrialisierbare" Software-Projekte gibt, die aber immer noch als Handwerk mit viel Ad-hoc-Methodik und Kreativität durchgeführt werden. Interessant ist für mich dabei auch die Rolle der Agilität. Wenn man vor ein paar Jahren mit Vertretern der agilen Schule zusammen saß, hatte das quasi religiöse Züge. Software-Entwicklung wurde dort energisch als Kunsthandwerk verteidigt. Und alles musste agil sein. Heute sehen das die meisten anders. Wir sind da mehr auf der Best-Practice-Seite – wenn es in der Projekt- und Kundensituation passt, machen wir auch ein knallhartes Wasserfallmodell (lacht).

Herausforderungen 2012: Was sind die großen Themen der IT in der Finanzwirtschaft?

Auch 2012 heißen die ersten drei großen Themen: Kosten, Kosten, Kosten. Das bedeutet im Klartext: Wir werden einen weiter anhaltenden Trend zur Standardisierung sehen und es wird tendenziell mehr Buy- und weniger Make-Entscheidungen geben. Wir als IT-Beratungs- und Entwicklungshaus sind schon seit einer Weile immer mehr im Bereich Backoffice und Prozessoptimierung gefordert. Auch diese Themen werden uns 2012 sicher weiter begleiten. Vor dem Hintergrund von Basel III und den neuen Rechnungslegungsstandards nach IFRS9 wird es viele Projekte im Bereich der Banksteuerung geben. Da ist Business Intelligence gefragt. Am Markt gibt es viele technisch und fachlich ausgereifte Lösungen, die allerdings sorgfältig in die Anwendungs- und Systemlandschaften integriert werden müssen. Ein typisches Beispiel ist hier der SAP Bank Analyzer, der in großen Instituten wie etwa Landesbanken immer mehr zum Standard avanciert. Derzeit sind wir beispielsweise in einem großen Einführungsprojekt bei einem bekannten Institut involviert. Auch die Sparkassen setzen mit der Gesamtbanklösung OSPlus auf Standard-Software. 2011 haben die letzten Institute ihre Altsysteme dadurch abgelöst. Damit ist OSPlus das am weitesten verbreitete Kernbanksystem innerhalb Deutschlands und Europas.

Sie sprechen sich für Application-Management „made in Germany" aus. Warum?

Offshore-Entwicklung funktioniert in der Regel nur bei hochgradig industrialisierten Prozessen. Man könnte es auf dem Punkt bringen mit den Worten: je industrialisierter, desto mehr Indien. In der Praxis gibt es jedoch häufig viele Sollbruchstellen entlang der Prozesskette, gerade an der Schnittstelle zwischen der Anforderungsanalyse und der Implementierung. Da kommt es dann auf Dialog an, und das ist in Offshore-Projekten meist der kritische Punkt. Die Kostenvorteile sind dadurch schnell aufgezehrt, und der Qualität kommt das auch nicht unbedingt zugute. Dagegen gibt es auch in Deutschland IT-Service-Unternehmen, die so professionell aufgestellt sind, dass sie

Teile der Wertschöpfungskette innerhalb einer IT-Organisation industrialisieren und zu kalkulierbaren Kosten übernehmen können, ohne dass die Kommunikation und Qualität leiden. Ein typisches Beispiel ist das Application-Management. Wir haben auf diesem Gebiet eine Reihe hoch interessanter, langfristig angelegter Projekte mit nachweisbarem Erfolg bei Kostenreduktion und Qualitätssteigerung vorzuweisen. Allerdings ist dabei zu beachten, dass solche Projekte für gute Software-Ingenieure und Projektleiter auf Dauer an Attraktivität verlieren können. Hier kommt es darauf an, den Mitarbeitern einerseits klar zu machen, dass solche Projekte ein stabiles Geschäftsfeld für das Unternehmen sind. Andererseits ist es aber auch wichtig, dafür zu sorgen, dass die Motivation im Team langfristig hoch bleibt. Das kann dann auch bedeuten, dass jemand, der lange in so einem Projekt war, früher oder später neue, herausfordernde Aufgaben bekommen sollte und zum Beispiel durch einen jungen Software-Ingenieur ersetzt wird, der sich in dem Application-Management-Projekt bewähren kann. Über einen gewissen Zeitraum hinweg können Mitarbeiter allerdings gerade in einem Bereich wie dem Application Management eine große Motivation daraus ziehen, dass sie echte Mehrwerte für den Kunden schaffen.

Was ist produktive Software-Entwicklung und wie kann Software-Entwicklung produktiver werden?
Produktive Software-Entwicklung beginnt immer mit der Messbarkeit sowie der konkreten Messung und Bewertung von Produktivität. Nur wer seine Produktivität kennt, kann sie auch steigern. Und es gibt einen unmittelbaren, direkten Zusammenhang zwischen Produktivität und Qualität. Die Spannbreite von Produktivität, ist sie erst einmal messbar, ist ausgesprochen groß: Zwischen Unternehmen variiert sie um den Faktor eins bis acht. Und selbst innerhalb eines Unternehmens liegt die Bandbreite zwischen eins und vier. In unserem Buch „Produktive Softwareentwicklung" machen mein Kollege Dr. Benjamin Poensgen und ich acht wesentliche Faktoren aus, um produktive Prozesse in der Software-Entwicklung zu verbessern: Erstens sind klare Zielsetzung und Zielorientierung von Anfang an wichtig, zweitens ein leistungsorientiertes Team mit dem richtigen Skill-Mix und drittens das Finden der richtigen und relevanten Anforderungen. Das methodische Vorgehen, also der konkrete Weg zum Ziel, ist der vierte elementare Faktor, und als Fünftes ist eine konsequente Qualitätsausrichtung mit möglichst wenigen Nacharbeiten oder Rework ein Produktivitätsfaktor an sich. Als sechstes gilt es, Verschwendung als Produktivitätsbremse in der Projektarbeit einzuschränken. Die Integration eines Projekts in die organisatorische Umgebung und die Beteiligung der Stakeholder ist der siebte Punkt. Und schließlich ist als achter Faktor die unmittelbare Steuerung von Projektfortschritt, Qualität und Produktivität erfolgsentscheidend. Alleine das Bewusstsein, dass die Produktivität bewertet wird, kann schon zu Steigerungen von 20 bis 30 Prozent führen. Es weckt den Sportsgeist in den Teams. Das funktioniert im Prinzip wie im Leistungssport: Gerade die Messbarkeit von Zeiten, Sprungweiten oder -höhen ist es, was die Leute dazu anspornt, über sich hinauszuwachsen. Dass das in Software-Projekten funktioniert und zum motivierenden Faktor wird, setzt allerdings auch eine Kultur voraus, in der sich jeder Einzelne für das Ergebnis verantwortlich fühlt und seinen Beitrag zum Projekterfolg leisten will.

www.wirtschaftsinformatik-management.de ▪ Gabler Executive Information

Wirtschaftsinformatik & Management

6 . 2011 ▪ **INTERVIEW** „Unternehmen, die eine Frauenquote brauchen, haben es einfach nicht apiert." ▪ **TECHNOLOGIE** Für alle Welt sichtbar: Die digitale Visitenkarte ▪ Spam – was, warum nd welche Lösugen verfügbar sind ▪ **STRATEGIE** IT begreifbar machen ▪ CIO im Spagat zwi- :hen Technik und Business ▪ **MANAGEMENT** Vom CIO zum CSO ▪ Wie IT die Arbeitswelt verändert

FRAUEN IN DER IT
FACHKRÄFTE GESUCHT

„Die Unternehmen, die eine Frauenquote brauchen, haben es einfach nicht kapiert."

Führungspositionen in der IT sind meist mit Männern besetzt. Aber es gibt bereits heute Ausnahmen von dieser Regel. Eine davon ist Marika Lulay, Chief Operating Officer bei GFT in Eschborn. Chefredakteur Peter Pagel sprach mit ihr darüber, warum es vergleichsweise wenige Frauen in die IT verschlägt und wie man das in Zukunft ändern könnte.

Das Gespräch führte Peter Pagel ▪ *Fotos Stefan Wildhirt*

WuM: Frauen haben in technischen Berufen noch immer Seltenheitswert, gerade in der Informationstechnologie. Was sind die Gründe dafür?
Marika Lulay: So viel hat sich da wirklich in den letzten 20 oder 30 Jahren nicht geändert. Fakt ist, dass ein technologisch orientiertes Studium – wozu auch die IT gehört – sehr stark mit rationalen, logischen Fähigkeiten assoziiert wird. Diese gelten wiederum als männlich. Das heißt, einerseits glauben Männer, dass sie dafür besser geeignet seien, und mit der gleichen Logik glauben Frauen, dass es eher nicht ihr Ding sei. Dadurch, dass man immer wieder betont, dass es kaum Frauen in solchen Fächern gibt, wird diese Tendenz sogar noch verstärkt. Das gilt übrigens nicht nur für die IT; es gilt genauso für den Bereich Maschinenbau oder Elektrotechnik. Es ist kein IT-Problem, es ist ein Problem der wissenschaftlich-technologischen Studiengänge.

Das heißt, es geht dabei um die Selbstwahrnehmung von Männern und Frauen.
So ist es. Es geht um geschlechtsspezifische Rollenzuweisungen, die bei den meisten noch immer unbewusst sehr stark die eigenen Entscheidungen und Urteile prägen.

» *Die IT hat ohne Zweifel ein Imageproblem. Das schreckt nicht nur Frauen ab, sondern auch relativ viele Männer.* «

Es gibt ja auch den umgekehrten Effekt, wenn ein Junge etwa Erzieher werden möchte. Der wird auch von Männern und Frauen oft schräg angesehen.
Richtig. Es sind die gleichen Mechanismen. Das heißt, in unserer Gesellschaft werden gewisse Fähigkeiten als männlich beziehungsweise weiblich angesehen. Daher auch immer diese Sprüche von weiblichem und männlichem Führungsstil. Schon diese Sprache dokumentiert immer auch ein Gesellschaftsbild. Es gibt wenige Vorbilder für eine untypische Berufswahl. Für Männer gibt es wenige Erzieher als Vorbilder, für Frauen wenige Technikerinnen. Dann werden angestrengte Versuche gemacht, das zu ändern, indem etwa Girls' Days veranstaltet werden. Das bringt aber wenig, schon weil diese Vorstellungen so tief verwurzelt sind.

Wenn man also sagt „wir brauchen einen Girls' Day", dann sagt man implizit auch „eigentlich ist es ja nix für euch"?
Genau. Das macht es auch so schwierig – indem man die Unterschiede herausheben und abschaffen will, dokumentiert man gleichzeitig die Unterschiedlichkeit. Andererseits sind solche Maßnahmen aber auch notwendig, um überhaupt etwas zu verändern. Entscheidend sind letztlich Vorbilder, an denen sich Jungen und Mädchen orientieren können. Wenn man beim Girls' Day sagt, wir machen den Girls' Day, damit sich Mädchen Männerberufe anschauen, dann dokumentiert man doch gerade wieder die Unterschiedlichkeit. Was nützt es mir, wenn Mädchen von einem Girls' Day zurückkommen und dann denken, sie hätten sich Männerjobs angeschaut? Alles, was sie dann begriffen haben, ist: „Das ist ein Männerjob, aber ich darf den jetzt auch machen." Das ist doch falsch. Richtigerweise müsste man sagen, es gibt verschiedene Berufe, verschiedene Ausbildungsrichtungen, und jedem steht alles offen. Das ist es doch, was wir anstreben. Und nicht das Beibehalten von Männer- und Frauenberufen, um dann hoch erfreut zusammenzuzählen, wie viele Frauen

Marika Lulay
ist seit Juli 2002 Mitglied des Vorstands der GFT Technologies AG. Als Chief Operating Officer verantwortet sie den Geschäftsbereich Services und die Schlüsselbereiche Technologie und Qualitätsmanagement.
Marika Lulay bringt mehr als 25 Jahre Erfahrung aus der IT-Branche mit. Sie leitete 1996 den Markteintritt des amerikanischen Systemintegrators Cambridge Technology Partners in Deutschland, bei dem sie zuletzt die Position des Vice President für Zentral- und Nordeuropa bekleidete. Marika Lulay absolvierte ein Studium der Informatik an der Fachhochschule Darmstadt, das sie mit Diplom abschloss.

jetzt Männerjobs machen und wie viele Männer Frauenjobs machen. Solange wir das tun, haben wir als Gesellschaft nicht akzeptiert, dass es nicht darum geht, Berufe nach Geschlechtern zu trennen.

Was halten Sie von einer Frauenquote?
Ich bin keine Anhängerin der Frauenquote. Eine Quote kann bestenfalls eine Krücke sein, um etwas zu erzwingen. Nachhaltig verändern können Sie die Situation nur dadurch, dass Sie von Anfang an anders sprechen – schon in den Schulen. Sie müssen den Nachwuchs organisieren. Was nützt es denn, wenn Sie durchsetzen, dass in den Aufsichtsräten oder Vorständen mehr Frauen sind? An der gesellschaftlichen Rollenzuschreibung ändert das nichts. Deswegen halte ich die Frauenquote für einen Nebenkriegsschauplatz. Das ist populistisch, damit kann man jetzt mal punkten. Natürlich ist es gut, ein „Mixed Leadership" zu haben, aber es zu erzwingen, ändert die Gesellschaft nicht. Damit provozieren Sie nur und machen die Unterschiedlichkeit weiter zum Thema.

Was mich an der Quote am meisten stört, ist, dass sie unterstellt, Frauen seien eine Randgruppe. Frauen sind die Hälfte der Weltbevölkerung. Sie brauchen doch kein Minderheitenschutzprogramm.

Wichtig ist demnach, Mut zu machen, damit weniger Frauen glauben, sie sollten bestimmte Berufe nicht ergreifen, weil sie Frauen sind.
Ja, und umgekehrt natürlich genauso. Auch Männer müssen ermutigt werden, sich zum Beispiel gegen eine Karriere zu entscheiden. Mir ist vor allem die individuelle Freiheit wichtig, sich persönlich oder als Paar für unterschiedliche Lebensentwürfe entscheiden zu können, ohne dass das ein gesellschaftliches Stigma zur Folge hat – nach dem Motto: „Ach, der ist nur zu Hause" oder „die ist nur zu Hause". Das ist ein ebenso valider Lebensentwurf, wie Karriere zu machen. Heute ist es immer noch so, dass Karriere höher eingestuft wird als die Erziehung der Kinder – obwohl es für die Gesellschaft eine elementare Aufgabe ist.

Sehen Sie das auch so, dass der Wunsch von Männern, Hausmann zu werden, noch weniger akzeptiert wird als Karrierepläne von Frauen?
Ja, Frauen können es sich heute aussuchen. Wenn sie Karriere machen und Kinder haben, werden sie allerdings öfter gefragt, wie sie das denn schaffen. Wenn mich ein Mann so etwas fragt, antworte ich: „Vermutlich genauso wie Sie; mein Partner ist zu Hause." Dass beide Karriere machen, geht selten gut. Dann frage ich meine männlichen Kollegen: „Werdet Ihr eigentlich auch gefragt, wenn Ihr sagt, dass Ihr Kinder habt, wie Ihr das macht?" Die sagen dann: „Nein, mich fragt das nie einer." Solange Frauen gefragt werden, wie sie das mit dem Kind machen, Männer aber nicht, merken Sie, dass die Gesellschaft einen Unterschied macht.

Es sollten einfach beide Karriere machen können, also beide Typen, beide Geschlechter, und beide sollten auch die Entscheidung treffen können, zu Hause zu bleiben. Die Frage, wie man sein Privatleben organisiert, wäre dann einfach eine neutrale, die an alle gestellt wird, einfach aus Interesse. Dem ist aber noch nicht so. Weil die Vorurteile so tief in den Köpfen von Frauen und Männern verwurzelt sind. Es ist eben kein Männerproblem, sondern ein gesellschaftliches. Mein Mann wurde oft gefragt von Frauen aus dem Kindergarten, ob er krank oder arbeitslos sei –

das wären akzeptable Gründe gewesen, zu Hause zu bleiben. Aber die Wahrheit, dass sich ein Maschinenbauingenieur mit gutem Job und Karriereaussicht entscheidet, zu Hause zu bleiben, das ist tatsächlich noch bahnbrechender, als wenn eine Frau Karriere macht (lacht).

Diese gesellschaftlichen Vorurteile zu adressieren, das schaffen Sie nicht mit der Quote. Schule ist ein ganz, ganz wichtiger Ort. Schule kann man ändern, und man kann natürlich auch dafür sorgen, viel mehr Vorbilder auftreten zu lassen und dann nicht hervorzuheben, das ist übrigens eine Frau – ich meine, Sie interviewen mich ja auch, weil ich eine Frau bin, und nicht, weil ich bei der GFT im Vorstand sitze.

In diesem Fall ja.
Genau. Und das sollte eigentlich irrelevant sein.

Haben Sie noch eine Idee, warum die Frauenquote in der Informatik so besonders niedrig ist?
Im Vergleich zu anderen naturwissenschaftlich-technischen Fächern kommt, glaube ich, bei der Informatik noch ein Aspekt hinzu. Sie ist eine junge Wissenschaft. Anders als Elektrotechnik, Maschinenbau oder Naturwissenschaften, die eine lange Tradition haben. Wenn Sie sich das Image der Informatiker anschauen,

oder anderen weiblichen Vorbilder – etwa Madame Curie. Ich sehe eine wichtige Aufgabe für Schulen und Universitäten, darüber zu informieren, dass in der IT die Schrauber im Keller nur noch ein ganz kleiner Teil der Berufstätigen sind – und dass die auch nicht alle so aussehen, wie es dem Klischee entspricht (lacht).

Gut wäre es doch, wenn sich in den Schulen Berufstätige vorstellen würden, ohne dass das Geschlecht überhaupt Thema wird, etwa: „Heute erfahren wir von Sabine Müller, was man in einer Kfz-Werkstatt alles können muss."
Genau. Das ist mal eine Frau, mal ein Mann, der aus seinem Berufsalltag berichtet. Man spricht dann über den Job, über die Herausforderung, über das, was Spaß macht, über das, was schwierig ist, über das, was man können muss – aber eben nicht über die Frau-Mann-Thematik. Mein 15-jähriger Sohn ist mit der Überzeugung aufgewachsen, die Frauen würden das Geld verdienen und der Mann würde die Spülmaschine einräumen. Irgendwann hat er dann natürlich gesagt, dass alle anderen das aber anders sehen. Ich habe ihm erklärt, dass es bei den meisten auch irgendwie anders ist. Er hat mich dann gefragt, warum das denn überhaupt ein Thema sei. Wieso es denn Girls' Days gäbe. „Warum kann ich mir nicht einfach den Beruf suchen, den ich will?" „Das kannst Du", habe ich geantwortet. „Und warum

dann gibt es da sehr oft das Bild vom Computernerd mit dicker Brille, der merkwürdige Kleidung trägt und viel Pizza und Cola konsumiert. Viele haben das so vor Augen.

Da haben Sie Recht.
Das finden Frauen nun mal total abschreckend, machen wir uns nichts vor. Der hoch intelligente Wissenschaftler oder Ingenieur hat da schon wieder ein ganz anderes Image. Wenn Sie vor Ihrem geistigen Auge das gefühlte Image an sich vorbeiziehen lassen, dann hat der Informatiker ein im abschreckenden Sinne männliches Image, das Frauen nun mal überhaupt nicht mögen. Ingenieure und Naturwissenschaftler gibt es schon viel länger. Da gibt es auch mal die ein

machen die dann einen Girls' Day?", hat er darauf gefragt. Meine Antwort war, dass es in bestimmten Berufen nur wenige Frauen gibt, die deshalb eben anders gefördert werden müssen.

Es fehlt an den Schulen zudem an Praxiserfahrung. Lehrer sind Menschen, die von der Schule über die Uni direkt wieder an die Schule gegangen sind. Wenn an den Schulen immer auch ein paar Lehrer wären, die praktische Berufserfahrung in der freien Wirtschaft hätten, wäre das sicher hilfreich – für Mädchen und Jungen.

Die IT hat ohne Zweifel ein Imageproblem. Das schreckt nicht nur Frauen, sondern auch relativ viele Männer ab. Nicht umsonst klagt die IT immer wieder über Fachkräftemangel. Wir sprechen also nicht nur von einem Frauenproblem. Aber Frauen werden durch dieses Image noch stärker abgeschreckt als Männer. Ein Imagewandel würde der IT in jeder Beziehung gut tun, weil sie dann einfach insgesamt für mehr Menschen attraktiv wäre.

Es ist auch nicht davon auszugehen, dass in näherer Zukunft der Bedarf in diesem Bereich sinkt. Eher im Gegenteil.
Genau. Die gesamten Produktivitätszuwächse der letzten Jahre sind im Wesentlichen der IT zu verdanken, unabhängig davon, in welche Industrie Sie gehen. Ohne IT funktioniert heute kaum noch etwas.. Die IT an sich ist der Produktivitätstreiber des 21. Jahrhunderts, und deshalb wird der Fachkräftemangel dort auch nie behoben sein. Das mag immer mal wieder schwanken, da mag es mal schwierigere und mal bessere Zeiten geben, aber grundsätzlich ist die IT eine sichere Bank.

Auch beispielsweise bezogen auf das seit der Energiewende besonders aktuelle Thema Smart Grids …
Bei jedem Thema. Ob das Smart Grids sind oder die aktuelle Diskussion bei den Banken. Wenn jetzt Banken getrennt werden würden – Investmentbank von Geschäftsbank – dann brauchen Sie IT, um das zu schaffen. Wenn Sie neue Regularien einführen, brauchen Sie IT, um diese umzusetzen. Innovationen im Maschinenbau – das geht heute alles nur noch mit IT. Sie kommen um die IT einfach nicht mehr herum. Es ist schon absurd, dass ein derart sicherer Zukunftsbereich ein so schlechtes Image hat, dass er sich quasi ständig selbst im Weg steht. Deshalb glaube ich, dass wir keine Frauenquote brauchen. Die Unternehmen, die eine Frauenquote brauchen, haben es einfach nicht kapiert. Sie brauchen einfach gute Mitarbeiter und können es sich schlicht nicht leisten, auf die Hälfte der Bevölkerung zu verzichten. Wer das nur mithilfe einer Quote hinbekommt, hat ein ganz anderes Problem.

Was könnten Unternehmen tun, um die Situation aktiv zu verbessern?
Wahrscheinlich müsste man das Thema Image und Vorbilder viel aktiver nach vorne stellen, in die Schulen gehen. Wir selbst rekrutieren allenfalls von den Hochschulen. Da hat aber die Selektion schon stattgefunden. Die Folge ist, dass dann viele Unternehmen um relativ wenige Absolventen wetteifern. Das wäre natürlich eine sehr langfristige Nachwuchsförderung. Es würde bestimmt zehn Jahre dauern, bis solche Maßnahmen spürbare Effekte zeigten. Das macht es natürlich schwierig für kleinere und mittlere Firmen. Eine Initiative seitens des Branchenverbands wäre deshalb vermutlich eine sinnvolle Überlegung.

Jetzt mal ganz persönlich: Warum haben Sie sich damals für ein Informatikstudium entschieden?
Na ja, das war Plan B. Plan A war, ich wollte Humanbiologie studieren und im Bereich Genetik arbeiten.

Wäre auch nicht verkehrt gewesen.
Ja. Ich wollte damals etwas tun, das spannend und neu ist – nichts Arriviertes. Schon im Physik-Leistungskurs war ich das einzige Mädchen. Schon als Teenager habe ich offensichtlich damit kokettiert, Dinge anders zu machen als üblich, und wollte deswegen auch etwas naturwissenschaftlich-technisches studieren. Zur Humanbiologie wurde ich nicht zugelassen und habe überlegt, was mache ich jetzt? Als Plan B habe ich mich für

Informatik beworben, weil das auch etwas Neues war. So kam ich zur Informatik. Ich wollte keinen der üblichen Studiengänge absolvieren. Mathematik, Physik oder so etwas hätte ich nicht studiert.

Es ging Ihnen also auch darum, Neuland zu erkunden?
Genau. Etwas, das nicht jeder studiert, das irgendwie anders ist und deshalb spannend. Ein bisschen sah ich mich als Forscher, der einen neuen Kontinent erkundet. Das hat mich angetrieben. Es war also damals viel Zufall dabei. Aus heutiger Sicht muss ich sagen, dass ich vermutlich kein guter Humanbiologe geworden wäre. Wahrscheinlich hätte mich die tausendste Versuchsreihe ziemlich genervt.

Biologie hat für viele einen besseren Klang als Informatik. Dabei ist in der Praxis vieles, was Biologen machen, dann doch eher langweilige Routine. In der IT sind dagegen viele Bereiche hoch kreativ.
Und jedes Projekt, jede Applikation die Sie schreiben, entwerfen, designen, programmieren oder einführen, ist neu. Jedes Projekt hat einen Forschungsanteil. Sie machen niemals genau das Gleiche nochmal, niemals. Das ist ein Element, das so gut wie gar nicht nach außen kommuniziert wird. Während etwa bei Biologen gerne der Entdecker nach vorne gestellt wird, obwohl es oft nur um dröge Versuchsanordnungen geht. Deshalb weiß ich heute, dass ich für mich das Richtige gewählt habe, ohne zu wissen, warum ich das damals wählte. Die Aussage, wenn man ein bis zwei Jahre aus der IT aussteige, käme man nie mehr rein, halte ich übrigens für kompletten Unsinn. Gerade weil sich alles ständig ändert, können Sie immer wieder einsteigen, weil niemand auf Dauer der Superexperte sein kann.

Muss man in der IT die Bereitschaft mitbringen, immer wieder Neues zu lernen? Oder gibt es auch Bereiche, in denen man über viele Jahre immer sehr ähnliche Dinge tut?
Die IT bietet Möglichkeiten für beides. Es werden heute immer noch händeringend Leute gesucht, die noch die alten Programmiersprachen beherrschen. Sie können auch in der IT sagen, ich habe es einmal gelernt, und dabei bleibe ich. Was Sie dann aufgeben, ist natürlich eine abwechslungsreiche, spannende Karriere, aber vielleicht wollen Sie die ja auch gar nicht. Vielleicht wollen Sie einfach einen Routinejob. Das geht in der IT auch. Aber genauso gibt es sehr viel Abwechslung. Wogegen ich mich sträube, ist, dass die IT gerne dieses abschreckende Bild vor sich herträgt, dass man ohne permanente Weiterbildung gleich weg vom Fenster sei. Schon wenn man das ausspricht, merkt man förmlich, wie die Hemmschwelle angehoben wird. Dabei ist es eine Tatsache, dass alte Applikationen immer länger leben, als man denkt. Das bietet für Leute, denen Routine wichtig ist, auch Möglichkeiten.

Die meisten allerdings, die heute in der IT arbeiten, tun es auch deshalb, weil ihnen Abwechslung Spaß macht. Ich hätte gar nichts dagegen, wenn sich hier ein paar mehr Menschen mit IT beschäftigen, die ein bisschen mehr Routine wollen. Dann hätten wir auch diejenigen, die die Routinejobs machen wollen, und nicht Mitarbeiter, die nach einem halben Jahr sagen, ihnen wäre langweilig.

Wie wird sich die Arbeitswelt in den nächsten Jahren verändern?
Sie hat sich schon massiv verändert. Die Trennung zwischen Privatem und Beruflichem brauchen Sie wegen der ganzen Vernetzung der Kommunikationsmedien gar nicht mehr. Das ermöglicht meiner Ansicht nach viel flexiblere Lebens- und Berufsmo-

delle. Also das berühmte Thema Heimarbeit, wie es früher genannt wurde. Dann sagte man eine Weile Telearbeitsplatz, heute spricht man nur noch vom Homeoffice. Oft weiß man gar nicht mehr so genau, wo jemand gerade sitzt.

Und es ist eigentlich auch egal?
Genau. Das fördert meiner Ansicht nach extrem, dass Sie alle möglichen Lebensentwürfe kombinieren können. Die IT ist sicherlich eines der besten Hilfsmittel, um flexiblere Arbeitsmodelle zu ermöglichen. Etwa mal ein Jahr mehr, mal ein Jahr weniger zu arbeiten. Damit die permanente Erreichbarkeit, die moderne Kommunikationsmittel ermöglichen, nicht zum Fluch wird, ist Disziplin nötig – und zwar auf allen Seiten. Aufseiten des Arbeitgebers und des Arbeitnehmers. Auf jeden Fall ermöglicht diese Technik eine unglaubliche Flexibilisierung. Ich kann es mir heute gestatten, erst um elf ins Büro zu kommen, weil ich vorher bereits von zu Hause gearbeitet habe, und kann dann zum Beispiel etwas im Haushalt erledigen oder einer privaten Verpflichtung nachgehen. Das ist doch eine wahnsinnige Freiheit.

Das althergebrachte Modell der Präsenzzeit wird in Zukunft weiter an Bedeutung verlieren. Den einen oder anderen wird das überfordern. Viel mehr Menschen als heute werden eigenverantwortlich arbeiten müssen. Unternehmen werden lernen müssen, dass sie die Leistung ihrer Mitarbeiter nicht über Präsenz messen können. Stechuhren verlieren ihren Nutzen, wenn Arbeitszeiten nur noch eine untergeordnete Rolle spielen.

Eine Folge davon wird sein, dass Besprechungen, bei denen man tatsächlich physisch zusammensitzt, eine ganz andere Qualität gewinnen, weil sie viel seltener und damit auch viel wertvoller werden. Sie bekommen dann eine Art Ereignischarakter, den sie heute nicht haben.

Das erfordert sicher ein erhebliches Umdenken in Unternehmen?
Ja, das ist eine fundamentale Umwälzung – durch andere Arbeitsmittel ändern sich auch unsere Arbeitsprozesse. Menschen müssen lernen, sich hauptsächlich per Telefon abzustimmen. Sie müssen sich darauf einstellen, dass der eine morgens arbeitet, der andere abends, dass sie mehr asynchrone Prozesse haben. Ich glaube, die IT ist dabei selbst der größte Vorreiter, weil sie ihre eigenen Instrumente einsetzt. Für uns ist es völlig normal, dass wir keine Arbeitszeitregelung haben, schon seit fast 20 Jahren. Aber für andere Industrien ist das etwas völlig Neues. Das abzustimmen, mit bestimmten Arbeitsprozessen, die nach wie vor Präsenz erfordern, weil zum Beispiel Maschinen geführt werden müssen, wird eine große Herausforderung für Unternehmen sein. Das heißt extreme Flexibilität auf der einen Seite, an anderer Stelle dagegen starre Prozesse.

Aber auch jenseits der Arbeitswelt werden diese Änderungen durchaus positive Auswirkungen haben. Denken Sie nur an den Berufsverkehr – wenn nicht mehr alle jeden Tag zur gleichen Zeit im Büro sein müssen, entschärfen Sie das Problem der Rushhour ganz massiv und tragen nebenbei noch in erheblichem Ausmaß zur Schadstoffreduktion bei. Und das alles ohne einen einzigen Meter neue Straße. Was hier die Veränderung der Arbeitsmittel in der IT an Konsequenzen mit sich bringt, halte ich für unglaublich spannend.

Frau Lulay, vielen Dank für das anregende Gespräch.

www.wirtschaftsinformatik-management.de • Gabler Executive Information

Wirtschaftsinformatik & Management

5.2011 • **INTERVIEW** „iPad ist keine Innovation mehr" • **TECHNOLOGIE** Digitaler Showdown – Der Wettbewerb um Kontrolle in der Autoelektronik • Effizientes Link-Management: Worauf Google achtet • **STRATEGIE** Alleinstellungsmerkmal Kundenbeziehungen: CRM-Aktivitäten in KMU • Angewandte Wirtschaftsinformatik spart Kosten • **MANAGEMENT** Tod dem Diagramm? • Risikomanagement und Vertrauensbildung im Cloud Computing

Innovation, Standards, Funktionalität
Automotive – IT

„iPad ist keine Innovation mehr"

Informationstechnologie spielt in der Automobilindustrie seit Langem eine wichtige Rolle – auch und gerade im Zusammenhang mit der zunehmend globalen Ausrichtung der großen Unternehmen in diesem Marktbereich. Dr. Gunnar Auth, Direktor des Leipziger Universitätsrechenzentrums, und Professor Dr. Rainer Alt, Inhaber der Professur für Anwendungssysteme in Wirtschaft und Verwaltung am Institut für Wirtschaftsinformatik der Universität Leipzig, sprachen mit Peter Schneider, Chief Technology Officer bei der Daimler AG, über Enterprise-Architecture-Management und IT-Innovationen.

Das Gespräch führten Gunnar Auth und Rainer Alt ▪ Fotos Andy Ridder

WuM: Was sind die Besonderheiten der IT-Landschaft eines globalen Automobilherstellers wie Daimler? Können Sie uns ein Gefühl für die Komplexität geben?
Peter Schneider: In einem rasanten technologischen Wandel spielt die global agierende Organisation „Information Technology Management (ITM)" eine Schlüsselrolle im Unternehmen Daimler. ITM ist aktiver Partner der Fachbereiche und unterstützt nahezu alle Geschäftsprozesse der Geschäftsbereiche Mercedes-Benz Cars, Daimler Trucks, Mercedes-Benz Vans, Daimler Buses und Daimler Financial Services. Jeder Fachbereich ist

> » *Insgesamt ist die IT schon lange nicht mehr nur Dienstleister, sondern aktiv in der Gestaltung von Prozessen unterwegs.*

ein echter Global Player in einer signifikanten Größe und hat spezifische Anforderungen an die IT einerseits, aber auch ganz unterschiedliche Ausgangssituationen andererseits. Mit innovativer Informationstechnologie (IT) gilt es, die Leistungsfähigkeit aller Geschäftsfelder von der Produktentwicklung über die Fahrzeugproduktion bis hin zu Abläufen im Vertrieb und Finanzwesen zu verbessern. Die IT bildet nahezu alle Geschäftsprozesse in der digitalen Welt ab und leistet mit sicheren, effizienten IT-Systemen einen wesentlichen Beitrag zum Unternehmenserfolg. Unser Fokus richtet sich auf schnelle, maßgeschneiderte und kosteneffektive IT-Lösungen, die an den strategischen Anforderungen unserer Fachbereiche beziehungsweise Business-Partner ausgerichtet sind. Über 5 000 Applikationen werden dabei mit rund 4 800 Mitarbeitern in circa 525 Standorten in fünf Kontinenten von der IT betrieben und optimiert. Die Data-Center-Infrastruktur, mit der diese Applikationen für den Konzern rund um die Uhr bereitgestellt werden, verteilt sich weltweit auf vier regionale Rechenzentren mit 122 Betriebslokationen. Mehr als eine Viertel Million Daimler-Mitarbeiter erleben täglich eine leistungsfähige IT. Darüber hinaus versorgen wir Händler weltweit mit unseren Systemen zur Erbringung von Service-Dienstleistungen rund um unsere Fahrzeuge. Daraus ergibt sich die Kernherausforderung, der wir uns täglich stellen. Sie liegt darin, die aufgrund der globalen Struktur, der starken Geschäftsbereiche und der funktionalen Organisationsstruktur historisch gewachsenen, oftmals unflexiblen IT-Systeme für einzelne Produkte und Regionen über die Geschäftsbereiche hinweg hinsichtlich Redundanz und Inkonsistenz von Funktionalitäten, Technologien, Schnittstellen und Geschäftsdaten nach Effizienz, Effektivität und Kosten zu optimieren.

Welche Kompetenzen muss ein CTO haben und wie ist die Zusammenarbeit mit dem CIO organisiert? Fällt auch die Standardisierung der Geschäftsprozesse in den Aufgabenbereich von CIO/CTO?
Der CTO bei der Daimler AG leitet die Querschnittsfunktion Enterprise-Architecture-Management (EAM) und Governance und berichtet direkt dem CIO. Als zentrale Aufgaben verantwortet der CTO unter anderem global nutzbare Enterprise Services, etwa zum Identity- und Access-Management oder SOA-Services wie zum Beispiel ein Service Repository zu definieren und standardisiert global zur Verfügung zu stellen. Darüber hinaus liegt es in meiner Verantwortung, standardisierte Technologie-Stacks für unsere wesentlichen Entwicklungsplattformen festzulegen und Referenzarchitekturen für unsere systemgestaltenden Bereiche vorzugeben. Der Aufgabenschwerpunkt eines CTOs beschränkt sich aber nicht auf die reine Technologie. Der Anspruch der Einführung und ständigen Weiterentwicklung einer Enterprise Architecture umfasst ebenso die Verantwortlichkeit für IT-Methoden und Prozesse sowie unterstützende Werkzeuge und hat zum Ziel, alle Ebenen einer Enterprise-IT-Landschaft optimal zu gestalten. Die IT ist mit ihrer eigenen Expertise und Verantwortlichkeit hier gewissermaßen ein

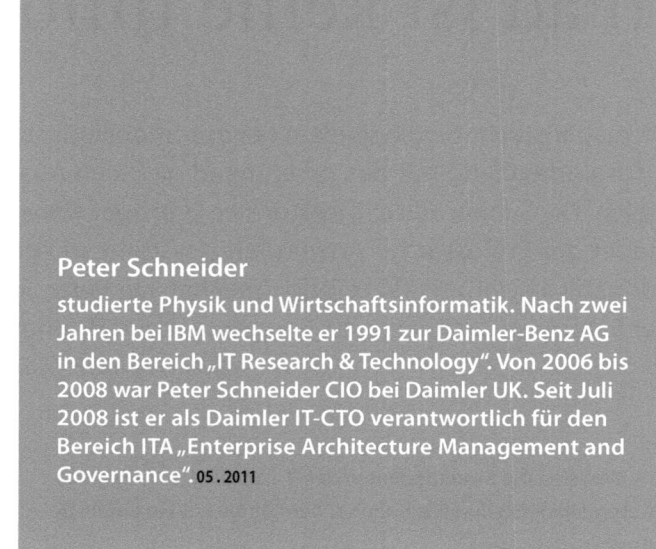

Peter Schneider
studierte Physik und Wirtschaftsinformatik. Nach zwei Jahren bei IBM wechselte er 1991 zur Daimler-Benz AG in den Bereich „IT Research & Technology". Von 2006 bis 2008 war Peter Schneider CIO bei Daimler UK. Seit Juli 2008 ist er als Daimler IT-CTO verantwortlich für den Bereich ITA „Enterprise Architecture Management and Governance". 05.2011

orchestrierendes Element aller Stakeholder unserer globalen IT-Organisation. Eine weitere Zuständigkeit ist das globale Lizenzmanagement, das nicht intuitiv mit der Verantwortlichkeit eines CTO in Verbindung gebracht wird. Es liefert einen wesentlichen Mehrwert zur wirtschaftlichen Nutzung unserer Software Assets, indem es neben technologischen, prozessualen und methodischen einen wirtschaftlichen Aspekt in die Gestaltung unserer IT-Landschaft einbringt. Im Zusammenspiel aller beschriebenen Elemente treiben wir jährlich Innovationsprojekte durch unsere Organisation und erarbeiten gemeinsam mit anderen Daimler-IT-Experten strategische Themen bis zur Entscheidungsvorlage im Topmanagement und Übergabe an eine Umsetzungsorganisation. Prominentes Beispiel aus dem letzten Jahr ist die Entscheidung zu unserem Rechnerarbeitsplatz. Aktuelle Themen betreffen das Mobile und Cloud Computing. Die besondere Herausforderung an meine Rolle erklärt sich aus der Breite und gleichzeitigen Tiefe der verantworteten IT-Themen, gepaart mit der Notwendigkeit als Querschnittsfunktion intensiv zu kommunizieren und zu überzeugen. Umso befriedigender ist es zu sehen, wenn Konzepte in der Organisation Fuß fassen und anfangen, das Arbeiten von Tausenden positiv zu beeinflussen. Um als Querschnittsorganisation zu wirken, ist es fundamental wichtig, dass der CIO die Themen aktiv unterstützt und in seiner Linie zur Umsetzung einfordert. Die Schwerpunktsetzung erfolgt bei uns in enger Abstimmung, und in der Umsetzung kommt vom CIO der notwendige Rückhalt zur operativen Verwirklichung unserer Ziele. Insgesamt ist die IT schon lange nicht mehr nur Dienstleister, sondern bereits heute aktiv in der Gestaltung von Prozessen unterwegs. Neben den beschriebenen Methoden und Tools hat sich ein Programm als erfolgreich erwiesen, das wir vor circa drei Jahren gestartet haben.

Mittlerweile haben wir 150 engagierte Mitarbeiter der IT als Business Consultants ausgebildet, die im Besonderen in crossfunktionalen Projekten ihre Fähigkeiten für die Fachbereiche einbringen und über entsprechende Community-Plattformen und Veranstaltungen in einem ständigen Austausch miteinander stehen. Wir planen bis 2015 mehr als doppelt so viele Mitarbeiter ausgebildet zu haben.

Wie gewährleisten Sie die Ausrichtung der IT auf die geschäftlichen Ziele, Stichwort IT-Business-Alignment?
Die IT-Organisation ist nach Geschäftsbereichen aufgestellt und kennt deshalb ihre Kunden und deren geschäftliche Ziele sehr detailliert. Die einheitlichen Prozesse des ITM-Operating-Modells garantieren jedoch, dass die Anforderungen der Kunden übergreifend betrachtet, bewertet und standardisiert umgesetzt werden. Die Wahrnehmung der ordnungspolitischen Aufgabe der IT ist dadurch sichergestellt. Seit dem vergangenen Jahr haben wir das Abstimmen mit den Geschäftsstrategien und darüber hinaus maßgeblichen Technologietrends nochmals in seiner Reife verbessert. Meine Organisation hat einen neuen Strategieprozess gestaltet, der inzwischen global einheitlich ausgerollt wird. Er sieht das systematische Einbinden aller Stakeholder vor und ist als rekursiver Prozess so entworfen, dass er über alle Unternehmensebenen hinweg die Durchgängigkeit der strategischen Zielvorgaben bis auf die operative Ebene sicherstellt. Für diesen Prozess haben wir vor Kurzem den Handelsblatt Award gewonnen. Insgesamt wollen wir uns als ITM stärker in Richtung Wertschöpfung positionieren und unmittelbar zu mehr Umsatz beitragen. Dazu zählen beispielsweise das Erschließen der Anwendungspotenziale der IT in und um das Fahrzeug oder Dienstleistungen für den Kunden wie etwa car2go.

Welchen Nutzen bringt die übergreifende Abstimmung der IT-Landschaft und wie bestimmen sie ihn?

In einem Unternehmen wie unserem gilt es einerseits, ständig die Funktionalität der IT zu erhöhen, und andererseits, dabei eine überbordende Komplexität zu vermeiden. Der Nutzen der übergreifenden Harmonisierung der IT-Landschaft liegt damit einfach darin, die Flexibilität zu erhalten, idealerweise zu erhöhen und dabei die Effizienz im Zusammenspiel zwischen Prozessen und IT zu erhöhen. Den quantitativen Nutzen bestimmen wir unter anderem durch konsequente Nachverfolgung der Vorgabe der zu erzielenden Reduktion, zum Beispiel der Systemanzahl bis ins Jahr 2015 über die ITM Balanced Scorecard (BSC) sowie der damit einhergehenden Senkung der Run-Kosten. Den qualitativen Nutzen sehen wir in der Kundenzufriedenheit unserer Business-Partner. Hier spielt inzwischen auch eine große Rolle, dass wir durch den Einsatz von einheitlichen Tools, durchgängigen Methoden und Prozessen als eine einheitlich agierende, professionelle IT-Organisation wahrgenommen werden, die wiederholbar erfolgreiche Projekte abliefert. Zur Absicherung unserer Einschätzungen führen wir außerdem regelmäßig quantitative und qualitative Benchmark-Untersuchungen mit relevanten Unternehmen durch, wie vor Kurzem mit der Firma Hackett, und leiten daraus unsere eigene Position und notwendige Maßnahmen ab.

EAM ein integrierter Bestandteil der standardisierten Prozesse „Demand- und Portfoliomanagement" sowie „Service Delivery" ist. Durch den stärkeren SOA-Einsatz stellen wir vermehrt fest, dass wir durch die Entkopplung von IT und Geschäftsprozessen in höherem Maße flexibel auf Prozessänderungswünsche eingehen können, da nun Änderungen nicht mehr notwendigerweise auch Änderungen an den IT-Systemen nach sich ziehen müssen. Unsere Business-Partner profitieren insbesondere von folgenden Vorteilen: Durch globale Standards erzielen wir Skaleneffekte und schaffen uns bei reduzierten Budgets so Freiräume für Innovationen, das heißt für den Geschäftserfolg unserer Business-Partner. Die Komplexität von IT-Projekten reduziert sich dabei, weil wir weltweit eine einheitliche Vorgehensweise bei hoher Transparenz liefern. Dabei hilft uns auch ein abgestufter Leistungskatalog: Zunächst können die lokalen Bereiche kostenfrei zentrale „Corporate Core Functions" wie etwa Corporate Network, Notes oder Exchange nutzen. Sogenannte „Mandatory Enterprise Services" wie etwa Active oder SOA Directory, Enterprise-Rights-Management oder Technologie-Stacks für wesentliche Entwicklungsplattformen können die Geschäftsbereiche gegen Entgelt nutzen, und „Shared Services" wie etwa Blackberrys oder Firewall-Management können die Geschäftsbereiche sogar eigenständig realisieren – vorausgesetzt, sie machen dies günstiger.

Wie gehen Sie mit individuellen Anforderungen von Geschäftsbereichen und der Notwendigkeit zur Standardisierung um?

Die individuellen Anforderungen von Geschäftsbereichen werden immer unter Berücksichtigung der EAM-Standardisierung analysiert, bewertet und durchgeführt. Wir haben dazu etablierte Prozesse. In der Bearbeitung unterscheiden wir solche mit lokalen und solche mit globalen Auswirkungen. Abhängig von der Klassifizierung sind der Standardisierungsanspruch und der damit verbundene Aufwand zur Freigabe. Transparenz über die Notwendigkeit zur Entscheidung erreichen wir dadurch, dass

Wie können Sie von Stuttgart aus gewährleisten, dass Architekturvorgaben weltweit beachtet werden? Wo sehen Sie dabei die hauptsächlichen Schwierigkeiten?

Zunächst einmal entstehen unsere Vorgaben nicht im Elfenbeinturm. Es ist immer ein Verhandlungsprozess mit den Betroffenen, und erst nach einem Konsens erfolgt eine Festschreibung als gemeinschaftliche Vereinbarung. Im Rahmen des EAM-Prozesses wurden auch die Teilprozesse Review und Approval verbindlich festgeschrieben. Dies bedeutet, dass EAM vom Demand bis zum fertigen Produkt zum Beispiel über festgelegte Compliance-

Checks hinsichtlich Technologie, Prinzipien, IT-Bebauungsplanung usw. beratend und prüfend eingebunden ist. Organisatorisch unterstützen dies einerseits Mitarbeiter mit der Rolle sogenannter Lead-Enterprise-Architekten und andererseits die zentralen Governance-Gremien für Technologie- und Business-Architecture-Management. Wir setzen hier ganz klar auf lokale Verantwortlichkeit, aber zentral gesteuerte Festlegung der Methoden, Prozesse, Werkzeuge und Spielregeln. Ein wichtiger Teil ist die Sicherstellung der Messbarkeit von Festlegungen und Verankerung der Ergebnisse zum Nachhalten in unserer ITM BSC. Nur so schließt sich der EAM-Regelkreis aus Regeldefinition, -ausführung, -messung und -steuerung. Die Herausforderung liegt darin, die Mitarbeiter bei dem Veränderungsprozess mitzunehmen und nicht zu verlieren. Es ist aber klar, dass auf der Hand liegende Kostenvorteile immer am einfachsten zu kommunizieren sind, in zweiter Linie auch Argumente wie Vorteile bei Komplexität, Security, Desaster Recovery und erst in dritter Linie die auf höchster Ebene relevante globale Einheitlichkeit der Architektur.

Welchen Stellenwert haben Tools, das heißt, was kann die IT selbst zum EAM beitragen? Welche organisatorischen Rahmenbedingungen sind zu schaffen?
Wir sind der Meinung, dass gemeinsame Prozesse sowie dazu eingesetzte Werkzeuge die Basis für Verbesserung der Effizienz und Effektivität der ITM sind. Als zentrales EAM-Repository für IT-Bebauungsplanung hat Daimler planningIT von der alfabet AG eingeführt. Die notwendigen organisatorischen Rahmenbedingungen hinsichtlich Rollen und Gremien sind darin definiert und etabliert. Wichtige Elemente sind die Lead-Enterprise-Architekten mit ihren Verantwortlichkeiten in ihren eigenen Bereichen einerseits und die globale Rolle andererseits. Im lokalen Umfeld sind Prozess- und Technologie-Boards wesentlich zur Gestaltung einer ganzheitlichen EAM. Sie sind sozusagen der lokale Arm im Tagesgeschäft für unsere globalen Standardisierungsbemühungen – die Technologie-Boards für die technologischen Belange und die Prozess-Boards für Nicht-Technologieentscheidungen. Im globalen Entscheidungsprozess brauchen sie ihre globalen Pendants, um EAM auf allen Ebenen zu steuern. Insbesondere in den Prozess-Boards ist eine enge Einbindung des Business-Partners erfolgskritisch. Als wichtiges Strukturierungsmerkmal hat sich dort inzwischen die Zergliederung unserer Daimler-Organisation in funktionale Domänen erwiesen. Dieses Werkzeug ist ein wichtiges Bindeglied in der Gestaltung unserer Bebauung und eine gemeinsame Begriffswelt zwischen Fachbereich und IT geworden. Beispielsweise können wir über ein Dashboard den Zustand der jeweiligen Organisationseinheiten nachhalten und bei Bedarf über die lokalen Ansprechpartner den jeweiligen Messwert optimieren.

Wie tragen Sie dem rasanten technologischen Fortschritt Rechnung und wie gelangen technische Innovationen zielgerichtet in die Anwendungsbereiche?
Hierzu haben wir einen Open-IT-Innovation-Prozess etabliert. Innerhalb dieses Prozesses werden Technologie- und Methodeninnovationen für das IT-Geschäft gesamtheitlich bewertet und jene mit eindeutigem Geschäftsnutzen gefördert. Die Integration in den EAM-Prozess gewährleistet, dass technische Innovationen zielgerichtet in die Anwendungsbereiche gelangen. Statt einer früher üblichen Gremienlandschaft setzt dieser Prozess auf

Mechanismen des Web 2.0, um damit möglichst viele „Ideas of the Masses" einzusammeln. Der Prozess ist aber nicht nur eine Ideensammlung, sondern begleitet eine Idee über mehrere Quality Gates zunächst hin zu einem Sponsor und dann weiter bis zu einer implementierten Innovation. Neben diesem Prozess adressieren wir jährlich mehrere IT-Trends in einem Innovationsprojekt und legen darin die globalen Strategien für Daimler fest. Eingebunden sind dabei alle Bereiche, die einen wesentlichen Stake in dem Thema haben, aber auch Schlüssellieferanten aus dem informationstechnologischen Bereich. Mein Bereich liefert für einen solchen Innovationsmarkt den organisatorischen Rahmen, die Projektleitung und stellt Fachexperten. Die Entscheidungen für die späteren Umsetzungen treffen die dafür vorgesehenen Boards. Nach Aufsetzen des Umsetzungsprojekts endet also meine Rolle als Treiber und wandelt sich um in die Rolle des gestaltenden Architekten. In dem Ansatz kommen wesentliche IT-Trends geordnet in die Unternehmung und damit in den Fachbereich.

Was sind aus Ihrer Sicht aktuell die drei wichtigsten IT-Innovationen?
Schwierige Frage. Ich würde die Themen Mobile Computing Services, Car IT und Cloud herausgreifen, ohne die Themen Green IT, Web 2.0 oder virtuelle Produktentwicklung aus den Augen verlieren zu wollen. Eine besondere Herausforderung ist gegenwärtig das Reagieren auf die Consumerization der IT. Hier erleben wir einen vollständigen Wandel. Während unsere Mitarbeiter bislang in ihrem beruflichen Umfeld eine leistungsfähige IT-Infrastruktur hatten und diese erst zwei bis drei Jahre später im privaten Umfeld genutzt haben, hat sich die Situation heute vollständig umgedreht. Heute finden sich im privaten Umfeld die leistungsfähigere Hardware und Endgeräte, und nun möchten unsere Mitarbeiter diese Geräte auch im beruflichen Umfeld nutzen. Wie können wir nun die vom Mitarbeiter geschätzten Geräte auch in unsere Organisation integrieren? Die damit verbundenen Hauptfragen sind Security, Betriebs- und Support-Modelle von Zehntausenden Geräten. Wir sind an dieser Stelle getrieben im Gegensatz zu treibend. Wir müssen Innovationen, die schon längst stattgefunden haben – etwa ein iPad – vor allem integrieren in einer globalen Organisation. Es ist also weniger eine Innovations- als eine Integrationsfrage. Beim Blackberry haben wir diese Integration erreicht und gegenwärtig 10 000 zentral gemanagte Geräte im Einsatz. Weitere Themen sind die Entwicklungen um das Thema Advanced Analytics, insbesondere im Zusammenhang mit den rasant auf uns zukommenden Möglichkeiten der In-Memory-Technologie. Insgesamt bezeichnen die IT-Innovationen also einen ganzen Blumenstrauß, der eine Herausforderung an uns und unsere limitierten Ressourcen, sich auf die richtigen Themen zu fokussieren, bedeutet.

Wie sieht die IT von Daimler 2020 aus?
Die IT der Daimler AG wird 2020 anders aussehen, da es neue Produkte, neue Produktionsstätten, neue Märkte, neue Geschäftsfelder geben wird. Immer und überall wird die IT stark präsent sein und gestaltend mitwirken. Nach meiner Meinung noch um ein Vielfaches massiver als heute. Dies wird einhergehen mit heute wahrscheinlich nur andeutungsweise erkennbaren Technologieentwicklungen und Veränderungen hinsichtlich Kultur und Gesellschaft. Das Daimler-IT-Motto „We drive IT – for the Business" wird aber auch im Jahr 2020 noch Gültigkeit haben.

MIX
Papier aus verantwortungsvollen Quellen
Paper from responsible sources
FSC® C105338

If you have any concerns about our products,
you can contact us on
ProductSafety@springernature.com

In case Publisher is established outside the EU,
the EU authorized representative is:
**Springer Nature Customer Service Center GmbH
Europaplatz 3, 69115 Heidelberg, Germany**

Printed by Libri Plureos GmbH
in Hamburg, Germany